C.H.BECK ■ WISSEN

in der Beck'schen Reihe

W0072947

Im Jahre 227 v. Chr. wurde die Insel Sizilien römische Provinz. Es war damals das erste Mal, dass Rom einem fremden Gebiet in dieser Weise den Stempel seiner Herrschaft aufprägte – und es sollte noch einmal fast einhundert Jahre dauern, ehe die römische Expansion eine solche Dynamik gewann, dass die Provinzialisierung unterworfener Gebiete zum Signum des Imperium Romanum wurde. Fortan verbreitete sich allenthalben in der bekannten Welt die militärische, logistische, administrative, juristische und fiskalische Effizienz Roms. Wo die Einbindung der provinzialen Eliten im Wege der Teilhabe an den politischen, religiösen, sozialen und kulturellen Einrichtungen des Reiches nicht gelang und sich Widerstand erhob, wurde er gebrochen. Doch im Laufe der Jahrhunderte wuchs mit der Bewunderung der Leistungen der Eroberer auch die Akzeptanz ihrer Herrschaft, so dass die kulturellen Langzeitwirkungen der römischen Dominanz bisweilen noch heute festzustellen sind.

Eckhard Meyer-Zwiffelhoffer lehrt als Professor für Alte Geschichte an der Fernuniversität in Hagen. Er beschreibt in diesem sehr gut geschriebenen, luziden und informativen Buch Ursachen, Techniken, Probleme und Wirkungen des römischen Imperialismus.

Eckhard Meyer-Zwiffelhoffer

IMPERIUM ROMANUM

Geschichte der römischen Provinzen

Verlag C. H. Beck

Mit 4 Karten auf den Umschlaginnenseiten und den Seiten 36 und 37
(gefertigt von Peter Palm, Berlin)

Originalausgabe

© Verlag C. H. Beck oHG, München 2009
Gesamtherstellung: Druckerei C. H. Beck, Nördlingen
Umschlagmotiv: Nordseite der Porta Nigra.
Photo: akg-images/Bildarchiv Monheim
Umschlagentwurf: Uwe Göbel, München
Printed in Germany
ISBN 978 3 406 56267 9

www.beck.de

Inhalt

I. Das Imperium Romanum und die Idee der Weltherrschaft

Ob als Vorbild oder warnendes Beispiel, das Imperium Romanum erlangte in der abendländischen Tradition spätestens seit dem 2. Jh. v. Chr. Modellcharakter. Der griechische Geschichtsschreiber Polybios, der 168–150 v. Chr. als Geisel in Rom lebte, verfasste seine *Historien* in der erklärten Absicht, den rasanten Aufstieg Roms zur «Weltherrschaft» in nur 53 Jahren – vom Krieg gegen Hannibal bis zum Ende der makedonischen Monarchie (220–168 v. Chr.) – zu erklären. Dass Rom im Vergleich zum Persischen Reich und zum Alexanderreich das größte Weltreich der Geschichte geworden sei, begründet er mit dessen Ausdehnung und Dauer: Es sei das erste Reich, das alle drei Erdteile, also die gesamte Oikumene, beherrsche, nicht nur Asien wie die Perser, Griechenland und den Orient wie die Makedonen oder Afrika und das westliche Europa wie die Karthager. Auch sei es kein ephemeres Reich wie das Alexanders und bestehe seit langer Zeit, während alle anderen Reichsbildungen bald wieder untergegangen seien.

Natürlich ist die antike Oikumene – die Mittelmeerwelt und das durch den Zug Alexanders des Großen bis nach Indien erschlossene Vorderasien – nicht die Welt in unserem globalen Verständnis, und auch die Römer wussten, dass es außerhalb ‹ihrer› Welt noch andere Völker und Reiche gab. Oikumene bedeutete nur die Welt, die es im Sinne der griechischen und römischen Zivilisationsvorstellung zu bewohnen lohnte. Die Wüsten Afrikas waren ebenso uninteressant wie die Wälder Germaniens. Und nicht wenige «Barbaren» erschienen den Römern so unzivilisiert, dass sie nicht einmal eine Herrschaft über sie in Erwägung zogen. Ihr Weltbegriff war keine geographische Größe im Sinne des Globus, sondern kulturspezifisch konnotiert: Das Imperium definierte die Grenzen der Welt

und damit der herrschenden Zivilisation und ihrer Einflussge-
biete.

Das Erstaunen der Zeitgenossen über die gewaltige Expansion Roms seit dem 2. Punischen Krieg gegen Hannibal (218–
201 v. Chr.), als zuerst das karthagische Reich, dann die hellenistischen Monarchien der Antigoniden in Makedonien (197 und
168) und der Seleukiden in Kleinasien (190) besiegt wurden,
verwandelte sich spätestens dann in Schrecken und Hass, als die
Römer brutal, aber symbolträchtig 146 v. Chr. Karthago und
Korinth und 133 das spanische Numantia dem Erdboden gleich-
gemacht hatten. So ist es nicht überraschend, dass Polybios, der
diese Ereignisse als Augenzeuge miterlebte, Reflexionen über
die Hybris der Macht anstellte und Erwägungen darüber, ob
auch Rom eines Tages wie das Perser- und das Alexanderreich
untergehen würde. Doch Rom ging nicht unter, sondern expandierte weiter und übertraf in der Dauer seiner Herrschaft alle
Weltreiche nicht nur der Antike, sondern auch der Neuzeit mit
Ausnahme des chinesischen Imperiums.

Seit der Zeit des Kaisers Augustus (27 v.–14 n. Chr.), mit dem
die Expansion zu einem vorläufigen Ende kam, gaben die Geschichtsschreiber Roms in ihren Historien einen geographischen
Überblick über die Völker und Landschaften der Welt, die Rom
unterworfen hatte und nun in Form von Provinzen und abhängigen Vasallenreichen beherrschte. Es ist die Welt rund ums
Mittelmeer, begrenzt in Nordafrika von der Sahara, im Westen
vom Atlantik, im Norden und Nordosten von Rhein und Donau, im Osten vom Euphrat, im Südosten von der arabischen
Wüste. Nur Pompeius Trogus aus Gallien, der zur Zeit des Augustus eine Universalgeschichte schrieb, erwähnt, dass die Römer sich die Herrschaft über die Oikumene mit dem iranischen
Partherreich teilen mussten. Rom konnte seinen Gegner nicht
besiegen und musste sich mit dessen Existenz arrangieren, doch
fühlte man sich ihm haushoch überlegen. Die «barbarischen»
Völker aber jenseits der römischen Grenzzonen, die in den Wüsten, Wäldern oder eurasischen Tiefebenen lebten, zählten aus
römischer Perspektive nicht.

Je länger das Imperium Romanum bestand, desto klarer gegliedert stellte sich seine Geschichte den aus der Kaiserzeit zurückblickenden Historikern dar. War Polybios noch überrascht von der Vehemenz der römischen Expansion zu seiner Zeit gewesen, so erkannten der Römer Livius und die Griechen Dionysios von Halikarnassos und Strabon, die zur Zeit des Augustus in Rom ihre *Römische Geschichte* bzw. *Geographie* schrieben, drei Epochen der römischen Geschichte: Mit der Erlangung der Vorherrschaft über Italien wurde Rom zur dominierenden Stadt der Halbinsel (*caput Italiae*: Livius 23,10,2), durch die Beseitigung der stärksten Seemacht Karthago zur Hegemonialmacht im westlichen Mittelmeer und nach den Siegen über die dominierende Landmacht Makedonien schließlich zur Metropole einer Weltmacht (*caput orbis*: Livius 1,16,7). Noch einmal zwei Jahrhunderte später, als der Römer Annius Florus sowie die Griechen Appian und Cassius Dio ihre *Römische Geschichte* schrieben (publiziert ca. 160 bzw. 230 n. Chr.), kam als weitere Epoche die inzwischen 200 bis 250 Jahre bestehende Monarchie hinzu, die von den Griechen als Zeitalter des Friedens wahrgenommen wurde (*pax Romana*). Bei den Geschichtsschreibern des 4. Jh.s schließlich gewann das Römische Reich dann gleichsam eine überzeitliche Gestalt (*Roma aeterna*). Man blickte inzwischen auf fast 1200 Jahre Geschichte zurück, und überdies hatte das nunmehr christlich gewordene Reich eine Rolle im göttlichen Heilsplan erhalten: Das Imperium Romanum war dazu ausersehen worden, als Gefäß für die Aufnahme und Ausbreitung des Christentums zu dienen, wie dies Orosius 418 n. Chr. in seiner *Weltgeschichte gegen die Heiden* formulierte.

Die Auffassung, dass das Römische Reich nicht bzw. erst am Ende der Zeiten untergehen würde, formulierten zunächst Hippolytos, dann traditionsmächtig an der Wende zum 5. Jh. der große Kirchenlehrer Hieronymus. Sie deuteten die alte Vorstellung einer Abfolge von Weltreichen eschatologisch und verknüpften das seit Herodot bekannte und im Laufe der Zeit erweiterte und aktualisierte Schema Assyrer/Babylonier – Meder/Perser – Makedonen – Römer mit einer Prophetie des Daniel-Buches, nach der Gott die Weltherrschaft nacheinander an vier

Reiche übertragen habe. Der Untergang des vierten – römischen – Reiches werde durch das Erscheinen des Antichrist bezeichnet, womit sich das Ende der Zeiten ankündige. In der christlichen Deutung des Hieronymus läuft die Weltgeschichte ebenso auf Rom hinaus wie in der Geschichtsdeutung seines Zeitgenossen Orosius, der die Weltherrschaft von den Babyloniern über die Makedonen und die Karthager zu den Römern, mithin vom Orient zum Okzident fortschreiten sah.

Was uns heute als wilde Spekulation erscheinen mag, hat dennoch eine weitreichende Wirkung entfaltet. Die Geschichtsdeutung des Hieronymus hat das abendländische Denken lange geprägt, und noch im 18. Jh. diente das Modell der Abfolge der vier Weltmonarchien als Gerüst für die Universalhistorie. Auch das *Heilige Römische Reich Deutscher Nation* begriff sich in dieser Tradition, und die Reichspublizistik legitimierte den Führungsanspruch dieses Römischen Reiches bis ins 18. Jh. mit der Theorie der *translatio imperii*, nach der das römische Kaisertum von Byzanz an Karl den Großen und dann an Otto den Großen und damit an die ‹Deutschen› übertragen worden sei. So betrachtet ist das Imperium Romanum erst spät untergegangen, im Osten 1453 mit der Eroberung Konstantinopels durch die Osmanen, im Westen 1806 nach seiner Auflösung durch Kaiser Franz II. im Schatten Napoleons.

Als historisches Machtgebilde wie als politische Idee hat das Imperium Romanum bis heute die abendländische Tradition nachhaltig geprägt. Es diente Jahrhunderte lang als Orientierungspunkt, obwohl es sich als Gemeinwesen im westlichen Reichsteil bereits im 5. Jh. aufgelöst und in der östlichen Reichshälfte grundlegend verändert hatte (Byzantinisches Reich). Die moderne Forschung fragt nicht länger nach den Gründen, die letztlich zum Untergang des weströmischen Reiches führten, sondern danach, weshalb sich das Imperium Romanum überhaupt so lange hat behaupten können. Worin lag die «politische Klugheit» in der Behandlung der Untertanen, die griechische Intellektuelle der Kaiserzeit den Römern attestierten? Welches waren die «Geheimnisse ihrer Regierungskunst» (*arcana imperii*), die eine Konsolidierung des in republikanischer Zeit zusammengerafften Imperiums in der Kaiserzeit erlaubten? Wie war das Imperium Romanum als supranationaler, multikultureller Herrschaftsverband entstanden, wie wurde dieser organisiert, wie hat er sich verändert und wie haben die unterworfenen Gemeinwesen selbst auf die römische Herrschaft reagiert? Diesen Fragen geht das vorliegende Buch nach.

II. Eine kurze Geschichte des Imperium Romanum

1. Imperium und Provinz

Der Begriff ‹Imperium› ist heute zu einem Terminus der politischen wie der Alltagssprache geworden. Seit er in der Frühen Neuzeit von der römischen Geschichte und ihrer Fortsetzung im mittelalterlichen Kaisertum abgelöst und vielfach auf andere Reichsbildungen in Geschichte und Gegenwart übertragen wurde, bezeichnet er nun jede Herrschaftsbildung, die auf der direkten oder mittelbaren Dominanz über andere Staaten beruht. Doch die Römer verbanden zunächst andere Vorstellungen mit ihrem lateinischen Wort *imperium* und dem erst um die Zeitenwende belegten Begriff *imperium Romanum*. *Imperium* war in republikanischer Zeit das zentrale römische Konzept legitimer politischer Herrschaftsausübung. Es bezeichnete die Amtsgewalt der höchsten Magistrate, besonders der Konsuln und Prätoren, die vorzüglich darin zum Ausdruck kam, dass nur Magistrate mit *imperium* ein Heer kommandieren und Recht sprechen durften. Das *imperium* wurde den Magistraten in einem sakralen Ritus übertragen, der ihre gleichsam königliche Gewalt als von Jupiter abgeleitete auswies. Sichtbare Symbole ihrer Stellung waren ein elfenbeinerner Amtsstuhl (*sella curulis*) und vor allem eine nach dem Rang des Amtes gestaffelte Anzahl sie begleitender Amtsdiener (Liktoren) mit Rutenbündeln, die außerhalb Roms als Zeichen ihrer Kapitalgerichtsbarkeit mit Beilen versehen waren (*fasces*).

Auf der Grundlage einer solch umfassenden Amtsgewalt regierten die jährlich neu gewählten Konsuln und Prätoren, die die Elite des Senats bildeten, Rom und eroberten mit ihren Heeren Italien und die Mittelmeerwelt. Obwohl sie als Feldherren in ihrem Aufgabenbereich umfassende Machtbefugnisse besaßen, war klar, dass sie nach ihrer Rückkehr dem Senat und der Volksversammlung rechenschaftspflichtig waren und ihre Maßnahmen bestätigen lassen mussten. Die Vorstellung, dass die Konsuln und Prätoren und später auch die Prokonsuln und Proprätoren die Kriege im Auftrag und zum Nutzen des römischen Volkes führten, also dessen Herrschaft mehrten, kam im Begriff des *imperium populi Romani* zum Ausdruck, der als lateinischer Terminus seit Mitte des 1. Jh.s v. Chr. bezeugt ist. Damit wurde der Begriff für die höchste Amtsgewalt metaphorisch auf die Gewalt und Herrschaft des römischen Volkes übertragen. So konnte Kaiser Augustus in seinem *Tatenbericht* verkünden, dass er Ägypten dem *imperium populi Romani* hinzugefügt habe.

Zur selben Zeit wird die Vorstellung einer «Weltherrschaft» (*imperium orbis terrarum*), von der die Griechen sprachen, auch bei den Römern selbst greifbar – der Dichter Vergil (70–19) verklärte sie zur in Raum und Zeit grenzenlosen Herrschaft (*Aeneis* 1,279: *imperium sine fine*). Da sich Rom in den letzten anderthalb Jahrhunderten der Republik zahlreiche Gebiete nach und nach als Provinzen einverleibt hatte, bildete sich schließlich zur Zeit des Augustus die räumliche Auffassung vom *imperium Romanum* als der Summe aller unterworfenen Städte, Völker und Reiche aus. Das Bild vom *orbis terrarum*, einem Kreis von Ländern, die als Peripherie das Zentrum Italien mit der Hauptstadt Rom umgeben und von dort aus durch den Kaiser gelenkt (*rector orbis terrarum*) und befriedet werden (*pacator orbis terrarum*), gehörte bald zum kaiserlichen Selbstverständnis, das auf Inschriften und Münzen propagiert wurde. Doch trotz dieser mehrfachen Bedeutungserweiterung des Imperiumsbegriffs ist in Rom das ursprüngliche Konzept der höchsten Amtsgewalt nie verloren gegangen.

Imperium Romanum im Sinne einer Herrschaft der Römer

über ein definiertes Territorium unterworfener Gebiete war also eine Vorstellung, die sich erst mit der Monarchie (seit 30 v. Chr.) herausgebildet hatte – in republikanischer Zeit besaßen die Römer noch keinen abstrakten räumlichen Reichsbegriff. Ähnlich ist der Befund für den zweiten systematischen Leitbegriff, ‹Provinz›. Provinzen sind nach heutiger Auffassung die abhängigen Gebiete eines imperialen Staates, die das Zentrum als Peripherie umgeben und die von Statthaltern, die die Metropole entsendet, verwaltet werden. Dieses Konzept einer territorialen, administrativen Untergliederung des Imperiums ist in Rom gleichfalls eine Vorstellung, die erst unter Augustus fassbar wird. Zuvor bezeichnete *provincia* den sachlichen Aufgabenbereich, den ein Magistrat zu Beginn seiner Amtszeit zugewiesen bekam. Routinemäßig galt dies für die klar umschriebenen Amtsbereiche der städtischen Magistrate wie die Gerichtsbarkeit des Prätors oder die Kassenverwaltung des Quästors. Durch Los oder Senatsbeschluss, später auch durch Plebiszit, wurden dazu die Sonderaufgaben verteilt, und das waren insbesondere die Feldzüge, die die Konsuln und Prätoren während ihrer Amtszeit zu führen hatten. Wurde einem Konsul zu Beginn des Jahres die *provincia Macedonia* zugewiesen, hieß dies in der mittleren Republik (264–133) nur, dass er ein Heer nach Makedonien zu führen hatte (wenn es nicht bereits dort stand) und vor Ort die Feinde bekämpfen und die Interessen Roms wahrnehmen sollte. Es bedeutete nicht zwangsläufig, dass das Gebiet des besiegten Gegners annektiert und zur ‹Provinz› gemacht wurde.

Die Praxis der Annexion und anschließenden Provinzialisierung unterworfener Gebiete hat sich nur langsam herausgebildet. Gebiete, die von jährlich wechselnden, eigens dafür bestimmten Prätoren als Statthalter Roms verwaltet wurden, hat es vor der Mitte des 2. Jh.s v. Chr. nur auf den Inseln Sizilien, Sardinien und Korsika sowie auf der iberischen Halbinsel gegeben. Als später die Annexion von Territorien zunahm, versuchte der Senat, mittels Gesetzen die Kontrolle dieser Gebiete zu regulieren. Sullas Gesetz über die Provinzen (81 v. Chr.) bestimmte, dass die beiden Konsuln und die inzwischen acht Prätoren nach Bekleidung ihres städtischen Amtes im folgenden Jahr als Promagistrate, also an Stelle eines Konsuls oder Prätors (*pro consule* bzw. *pro praetore*) eine Provinz übernehmen sollten. Mit dem Provinzgesetz des Gnaeus Pompeius (52 v. Chr.), das ein Intervall von fünf Jahren zwischen stadtrömischer Magistratur und Promagistratur vorschrieb, ist die Statthalterschaft endgültig als eigenständiges Amt, das nicht nur die Verlängerung einer städtischen Magistratur darstellte, etabliert worden.

Zur Zeit Sullas wird nun ein Bewusstsein bei den Senatoren erkennbar, dass die römischen Provinzen insgesamt einen klar definierten Herrschaftsbereich darstellten, der systematisch verwaltet werden musste. Dazu trug auch bei, dass sich inzwischen die politische Geographie vereinfacht hatte: Seit Italien südlich des Po nach dem Bundesgenossenkrieg (91–89 v. Chr.) einheitliches römisches Bürgergebiet geworden war, umgab ein Kranz von Provinzen, der an den Grenzen Italiens begann, das Gebiet der Römer und Italiker. An der Wende zum 1. Jh. v. Chr. bildete sich allmählich auch die territoriale Auffassung von *provincia* heraus, weil Zuständigkeitsbereiche von Amtsträgern gegeneinander oder gegenüber den provinzialen Gemeinwesen abgegrenzt werden mussten. Doch war dadurch die herkömmliche Bedeutung von *provincia* keineswegs verschwunden: Als Pompeius das Kommando im Krieg gegen König Mithradates VI. von Pontos (66 v. Chr.) oder gegen die Seeräuber im Mittelmeer erhielt (67 v. Chr.), wurde ihm jeweils eine *provincia* übertragen – ein Militärkommando, kein Territorium. Es war wiederum Augustus, der das gesamte *imperium Romanum* territorial als Summe seiner *provinciae* begriff, als er in seinem *Tatenbericht* behauptete, er habe «die Grenzen aller Provinzen des römischen Volkes erweitert» (*Res Gestae* 26).

Die modernen Begriffe ‹Imperium› und ‹Provinz› entstammen also der römischen Vorstellung eines räumlich definierten und gegliederten Herrschaftsgebietes, einer Vorstellung, die sich in Rom erst mit dem Übergang zur Monarchie herausgebildet und dann allmählich verfestigt hatte. Sie kommt beispielhaft in dem Titel zum Ausdruck, den Augustus seinem *Tatenbericht*, der reichsweit publiziert wurde, vorangestellt hatte: «Die Taten des vergöttlichten Augustus, durch die er den Erdkreis (*orbis ter-*

rarum) der Herrschaft des römischen Volkes (*imperium populi Romani*) unterworfen hat.»

2. Expansion: Die Eroberung der Mittelmeerwelt in republikanischer Zeit

Über die Expansion Roms sind wir für die Zeit vor etwa 300 v. Chr. nur sehr schlecht unterrichtet, da die spätere Geschichtsschreibung ihre Berichte frei gestaltet und ausgeschmückt hat. Zur Zeit der Königsherrschaft (sie endete irgendwann zwischen 500 und 470) und zu Beginn der frühen Republik umfasste Rom nur wenig mehr als das Stadtgebiet der sieben Hügel. Die Stadt gehörte dem etruskischen Bund an, dessen Macht 474 von den Griechenstädten Süditaliens gebrochen wurde. In den folgenden 150 Jahren expandierte Rom dann vor allem nach Etrurien im Norden und nach Latium im Süden, wobei es weiter im Norden auf die keltischen und ligurischen Stämme in der Poebene, im Osten und im Süden auf die Bergstämme der Äquer, Volsker und Herniker stieß. Die Eroberung Roms durch die Kelten 387 blieb die ganze römische Geschichte über ein negativ besetzter Gedächtnisort und begründete die Gallierfurcht. Spätestens aber mit dem Sieg über die Städte des alten Latinerbundes, dem Rom selbst angehörte (338), im Süden über die oskischen Bergvölker der Samniten in langwierigen Kriegen (343–275) und mit der Abwehr des Königs Pyrrhos von Epiros, der in Süditalien Krieg führte (280–272), war Rom eine regionale Großmacht geworden, der im Westen nur noch Karthago gegenüberstand. Das römische Territorium hatte sich in diesem Zeitraum um das Zwanzigfache erweitert. ‹Rom› bezeichnete zweierlei: die Stadt selbst sowie das Territorium, das von ihr annektiert wurde und inzwischen große Teile Mittelitaliens umfasste. Rechtlich gesehen bildeten die Stadt und ihr Territorium, dessen Bevölkerung den Status von römischen Bürgern erhielt, eine Einheit (*ager Romanus*).

Rom entwickelte sich im Laufe der frühen Republik (470–264 v. Chr.) zu einer italischen Hegemonialmacht, die nur einen Teil der eroberten Gebiete als römisches Territorium annektier-

te. Der alte Latinerbund war 338 aufgelöst und seine Gemeinden weitgehend Rom einverleibt worden. Viele Kolonien, darunter einige römische Bürgerkolonien, wurden in dieser Zeit
gegründet, die meisten aber – unter Beteiligung von Römern,
Latinern und Italikern – als latinische Kolonien (*nomen Lati-
num*). Sie dienten als militärische Stützpunkte vor allem gegenüber den Kelten im Norden und den Samniten im Süden. Die
latinischen Kolonien erhielten ein künstlich geschaffenes latini-
sches Bürgerrecht und mussten, wie die zweite Kategorie der
von Rom abhängigen Gemeinden, die italischen Bundesgenossen (*socii*), Heeresfolge leisten. Latiner wie Bundesgenossen waren zwar nominell selbstständig, konnten jedoch keine eigen-
ständigen Außenbeziehungen unterhalten. Letztere hatten einzeln ungleiche Verträge mit Rom abschließen müssen, durften
aber untereinander keine Vertragsbeziehungen eingehen. Eine
solche Herrschaftsorganisation, die alle abhängigen Gemeinwesen sternförmig auf die dominierende Metropole ausrichtet, ist
charakteristisch für ein Hegemonialsystem – ein solches hatten
bereits im 5. Jh. v. Chr. die Athener mit ihrem Delisch-Attischen
Seebund errichtet. Doch anders als die athenischen Bundesgenossen leisteten die römischen keinen Tribut, sondern stellten
ein bestimmtes Kontingent an Soldaten für die Hilfstruppen.
Römische Bürger, Latiner und italische Bundesgenossen trugen
gemeinsam die römische Expansion. Einer Zählung (*census*) zu-
folge gab es im Jahr 225 v. Chr. 273 000 (erwachsene männli-
che) römische Bürger, 85 000 Latiner und 412 000 Bundesgenossen. Die abhängigen Gemeinden stellten demnach ein dop-
pelt so großes Kontingent an Soldaten wie die Römer selbst.

Die mittlere Republik (264–133 v. Chr.) stand im Zeichen der
Kriege zunächst mit der westlichen Großmacht Karthago (264–
201), die Nordafrika, Südspanien, Westsizilien, Sardinien und
Korsika beherrschte, dann mit den östlichen Großreichen der
hellenistischen Herrscher, die die Nachfolge Alexanders des
Großen angetreten hatten, nämlich den Antigoniden in Makedonien, den Ptolemäern in Ägypten und den Seleukiden in Anatolien, Iran, Syrien und Mesopotamien (200–146). Diese stritten schon seit langem um die Vorherrschaft in der Ägäis, wobei

auch die griechischen Bundesstaaten der Ätoler, Achäer, Akarnanen, Thessaler, Böoter und Lykier, die zahlreichen griechischen Städte (Poleis) wie Athen, Sparta, Korinth, Ephesos und Milet sowie die kleineren anatolischen Monarchien in Pergamon, Bithynien, Pontos, Kappadokien und Armenien mitspielten.

In dieser Zeit war Rom nicht länger mit der Abwehr angreifender Bergvölker und rivalisierender Nachbarstädte, also der Sicherung seines unmittelbaren und weiteren ‹Vorfeldes› beschäftigt, sondern es ließ sich als regionale Großmacht in die Auseinandersetzungen der hellenistischen Mächte hineinziehen. Nach dem Sieg über Karthago im 1. Punischen Krieg (264–241) griff Rom zu einem neuen Mittel direkter Herrschaft, der Provinzialisierung eroberter Gebiete, die nicht als römisches Territorium einverleibt, sondern einem regulären Statthalter unterstellt wurden. Die in den Provinzen lebende Bevölkerung bekam nicht mehr das römische Bürgerrecht, das noch die italischen Gemeinden bei der Annexion ihrer Gebiete durch Rom erhalten hatten. Sie bildete vielmehr eine dritte Klasse der von Rom abhängigen politischen Gemeinwesen: die der «Fremden» (*peregrini*), die weder Römer noch Latiner, noch italische Bundesgenossen waren. Nachdem Italien 89 v. Chr. einheitliches Bürgergebiet geworden war, standen sich nur noch römische Bürger und Peregrine gegenüber. Diese Provinzialisierungspolitik wurde freilich nur zögernd praktiziert, zunächst im aus römischer Sicht karthagisch bedrohten Vorfeld Italiens, wo im Jahr 227 die Provinzen *Sicilia* und *Sardinia et Corsica*, nach dem 2. Punischen Krieg im Jahr 197 *Hispania Citerior* und *Hispania Ulterior* ‹eingerichtet› wurden, die nun jährlich wechselnden Prätoren als Statthaltern unterstanden. Während Rom dabei auf den Inseln an die Herrschaftsorganisation der Griechen und Karthager anknüpfen konnte, musste in Spanien eine herrschaftliche Infrastruktur erst mühsam und gewaltsam geschaffen werden.

In den siegreichen Kriegen gegen die Könige der Makedonen und die Seleukiden, die sich direkt an den 2. Punischen Krieg (218–201) anschlossen, versuchte Rom dagegen, die Herrscher zwar zu schwächen und botmäßig zu machen, sich aber nicht dauerhaft in der östlichen Mittelmeerwelt festzusetzen. Dem

Makedonenkönig Philipp V. wurde jede Einmischung in Griechenland untersagt (197), und der Seleukidenherrscher Antiochos III. musste große Teile Kleinasiens an das mit Rom verbündete Reich von Pergamon abtreten (188). Den Seleukidenkönig Antiochos IV. demütigten römische Gesandte (168), und der Makedonenherrscher Perseus wurde abgesetzt und Makedonien in vier autonome Regionen aufgeteilt (167), die untereinander keinerlei Beziehungen unterhalten durften.

Jedoch scheiterte diese Politik, mit der Rom im östlichen Mittelmeer alle Fäden in der Hand behalten wollte, ohne direkte Verantwortung zu übernehmen. Der Senat hatte zwar eine Drohkulisse aufgebaut, zog aber nach Regelung der Kriegsfolgen im Interesse des Siegers und seiner Verbündeten das Heer und die Amtsträger wieder ab. Als vertragliche Schutzmacht mehrerer griechischer Städte und Herrscher wurde Rom freilich in der Folgezeit dauerhaft in die innergriechischen Konflikte verstrickt und sah dabei seine hegemoniale Position durch die großen Monarchien immer wieder herausgefordert. Nach aus römischer Sicht erfolgten Insurrektionen in Karthago (3. Punischer Krieg 149–146), Griechenland und Makedonien (Achäischer Krieg 146) sowie in Spanien (Spanischer Krieg 154–133) schlug der Senat Mitte des 2. Jh.s v. Chr. zu: Karthago und Korinth (146) sowie Numantia (133) wurden zerstört und das karthagische Gebiet als Provinz *Africa* (146) übernommen, Nordgriechenland als Provinz *Macedonia* eingerichtet (148), deren Statthalter auch für Mittelgriechenland und die Peloponnes zuständig war.

Die späte Republik (133–30 v. Chr.) war durch innere Auseinandersetzungen politischer Parteiungen und durch Bürgerkriege geprägt. Da die Protagonisten häufig Heerführer oder Statthalter waren, wurden die Provinzen und die nicht unterworfenen Königreiche und Städte der Mittelmeerwelt in diese Auseinandersetzungen mit hineingezogen, wobei Rom weiter expandierte. Die mächtigen Imperatoren der späten Republik – Marius und Sulla, Gnaeus Pompeius und Caesar, Marcus Antonius und Octavian (der spätere Augustus) – waren alle in Bürgerkriege verstrickt. Sie schufen sich als Patrone von Königen und Städten auswärtige Klientelen und verpflichteten sich zugleich ihre Soldaten, die dafür als Veteranen eine Versorgung erwarteten. Manche Imperatoren erhielten überdies außerordentliche Kommandos, die ihnen räumlich weit gefasste Machtbefugnisse über mehrere Jahre hinweg verschafften. Sie nutzten diese, um sich in den Provinzen eine Machtbasis für ihre innenpolitischen Kämpfe aufzubauen, wobei besonders Caesar und Pompeius, später dann Octavian und Marcus Antonius erfolgreich waren, weil sie die Provinzen unter sich aufgeteilt hatten.

Da militärischer Erfolg, wenn er mit einem Triumph rituell belohnt wurde, die höchste Ehre für die römischen Aristokraten (*nobiles*) darstellte, versuchten diese, wie schon in der mittleren Republik, in Rivalität mit ihren Standesgenossen militärischen Ruhm um jeden Preis zu erwerben, auch wenn keinerlei Bedrohung der römischen Herrschaft vorausgegangen war. Besonders deutlich wird dieses Verhalten bei Caesar, der seinen Krieg in Gallien regelrecht provoziert hatte (58–51) wie zuvor bereits Scipio Aemilianus den dritten Krieg mit Karthago. Es galt, nach einem Sieg von den eigenen Soldaten zum *imperator* ausgerufen zu werden, was die Voraussetzung für die Bewilligung eines Triumphes durch den Senat bildete.

Die letzte wirkliche Bedrohung der römischen Machtstellung für lange Zeit durch König Mithradates VI. von Pontos am Schwarzen Meer wurde nach drei Kriegen in Kleinasien (89–63) schließlich von Pompeius abgewehrt, was zur Neuorganisation der Herrschaft in der östlichen Mittelmeerwelt führte: *Creta* (66), *Pontus et Bithynia* (63), *Syria* und *Cilicia* (64) wurden Provinzen. Schon seit dem Krieg in Afrika gegen den Numiderkönig Iughurtha (111–105), der von der Vernichtung Karthagos profitiert hatte, kam dabei ein neues Herrschaftsinstrument zum Einsatz, nämlich die Übergabe besiegter Reiche an Könige von Roms Gnaden (*rex datus*). Neben der fortschreitenden Provinzialisierung bildete diese Form indirekter Herrschaft einen zweiten Eckpfeiler der römischen Expansionspolitik zunächst in Nordafrika und im Orient, später dann gegenüber den Völkern in Britannien, Germanien und an der Donau. Die Söhne der Könige von Roms Gnaden blieben als Geiseln in Rom, wo sie zugleich auf ihre zukünftigen Herrschaftsaufgaben vorbereitet wurden. Solche Vasallenreiche (*regna*) entstanden in Numidien (105) und Judäa (63), unter Augustus dann in den Alpen, in Noricum (Österreich), Thrakien, Kappadokien, Pontos, Paphlagonien, Galatien sowie in Nabatäa in Jordanien und Mauretanien in Afrika.

Wie lässt sich nun diese beispiellose Expansion erklären? Als römische Eigenheit erscheint in den Quellen der Behauptungswille, auch nach verheerenden Niederlagen wie gegen Hannibal bei Cannae (216) nie aufzugeben oder um Frieden nachzusuchen, sondern unbeirrt weiterzukämpfen. Eine solche Haltung mochten die Römer zwar in den zahlreichen Kriegen mit ihren italischen Nachbarn entwickelt haben, doch waren sie später nur erfolgreich, weil andere Faktoren hinzutraten. Als Rom in die langwierigen Kriege mit Karthago eintrat, konnte es sich auf seine latinischen und italischen Bundesgenossen stützen und verfügte damit letztlich über die größeren menschlichen Ressourcen. Die Bundesgenossen wiederum waren durch eine abgestufte Partizipation in das römische Hegemonialsystem politisch integriert («Bundesgenossensystem») und wurden bei militärischen Erfolgen auch materiell honoriert, freilich nicht im selben Maße wie die römischen Bürger.

Die Dynamik der Expansion wurde durch die Rivalität der Senatoren untereinander angefacht. Die Privilegien und das Ansehen der Senatorenklasse beruhte einzig auf ihrem Dienst für die *res publica*, wobei militärischer Erfolg und kriegerischer Ruhm das größte Ansehen (*dignitas*) und die höchsten Ämter (*honores*) verschafften. Da der Feldherr über die Kriegsbeute weitgehend selbständig verfügen konnte, war der Krieg auch ein probates Mittel, sich den nötigen Reichtum zu verschaffen, um die teure Bewerbung um ein Amt, die Festspiele, den Bau von Tempeln und öffentlichen Gebäuden und die Standesrepräsentation in Rom zu finanzieren. Wer aber als Heerführer erfolglos war oder versagte, verlor an Ansehen und hatte nicht mehr dieselbe Chance, prestigereiche Ämter oder Militärkommandos zu erhalten.

Während Karthago und die hellenistischen Monarchen ihre

Kriege überwiegend mit Söldnern führten, dienten in den Legionen und Auxiliarverbänden römische, latinische und italische Bürgersoldaten – die Armee Roms und seiner Verbündeten beruhte auf dem Milizsystem, was gerade in langwierigen Kriegen von Vorteil war. Auch wenn manche Kriege wie in Spanien unpopulär waren, stimmten die Bürger in den Volksversammlungen fast immer für einen Krieg. Während sich die senatorischen Kommandeure um ihr persönliches und familienbezogenes Prestige (*dignitas*) sorgten, bezog sich das römische Volk auf das Prestige seines Gemeinwesens, die *maiestas populi Romani*. Die Anerkennung für den geleisteten Kriegsdienst erfolgte bei der Verteilung der Beute, durch die Teilnahme am Triumphzug und mittels der Zuteilung von Landlosen für den einzelnen Veteranen persönlich oder im Rahmen von Koloniegründungen.

Zwei Motive für die römische Expansion, die früher häufig angeführt wurden, lassen sich ausschließen: Erstens geben die Quellen keinen Hinweis darauf, dass der Senat eine imperiale Strategie verfolgt hätte. Aber als Hegemonialmacht zuerst in Italien, dann im westlichen Mittelmeer und besonders in der hellenistischen Welt geriet Rom immer stärker in den Sog imperialer Handlungslogik: Von bedrängten Staaten um Hilfe gebeten oder aufgrund von Verträgen zum Beistand verpflichtet, konnte der Senat keine defensive Politik betreiben, sondern musste politisch und militärisch intervenieren. Andernfalls hätte Rom seine imperiale bzw. hegemoniale Position verloren. Zweitens betrieb Rom seine Expansion nicht aus ökonomischen Motiven, wie wir sie mit dem modernen Imperialismus verbinden, etwa, um sich Ressourcen anzueignen, Handelsstützpunkte aufzubauen oder Absatzmärkte zu erschließen. Dass die Römer von ihrer Expansion auch wirtschaftlich in Form von Beute, Sklaven, Tributen und Land profitieren konnten und wollten, darf nicht als Motiv für die Kriegführung unterstellt werden.

Mit dem Eingreifen in der hellenistischen Welt ergab sich eine komplexe Konstellation, in der sich nicht mehr zwei Großmächte wie Karthago und Rom in einem hegemonialen Zweikampf gegenüberstanden. Hier stießen die Römer in eine konfliktreiche multilaterale Welt vor, in der sie freilich sehr schnell vom

Mitspieler zum alles dominierenden Akteur aufstiegen. Sie wurden dabei im Laufe des 2. Jh.s v. Chr. zur Weltmacht, ohne ein Weltreich zu besitzen – ein solches hat sich erst mit den Erwerbungen des Pompeius, Caesars und des Augustus herausgebildet. Weltmacht zu sein bedeutete indirekte Herrschaft auszuüben: Alle anderen Monarchen und Gemeinwesen hatten sich dem Willen des Senats zu beugen und seine Befehle zu befolgen. Wer nicht für Rom war oder wer sich für die Interessen Dritter im Konflikt mit Rom einsetzte, wurde zum Gegner.

Betrachtet man die römische Herrschaftspraxis, so lassen sich verschiedene Herrschaftsmittel erkennen. Wo Rom die Konfrontation suchte, wurden den um Konfliktvermeidung bemühten ‹Gegnern› unannehmbare Bedingungen gestellt. Das mussten der Seleukidenherrscher Antiochos III., der Makedonenkönig Perseus oder Karthago vor dem 3. Punischen Krieg erfahren. Wer solche Bedingungen annahm, war vor den Augen der griechischen Öffentlichkeit entehrt. Nach einer Niederlage oder zu ihrer Vermeidung blieb dem betroffenen Gegner nur eine «Übergabe in das Treu- und Schutzverhältnis» der Römer (*deditio in fidem*). Wie die entsetzten Ätoler erfahren mussten, bedeutete dies keineswegs eine schonende Behandlung, was sie aufgrund des Begriffs *fides* erwartet hatten, sondern die bedingungslose Auslieferung von Stadt und Land, von aller Habe und allen Bewohnern. War Rom gnädig gestimmt, erhielt die Gemeinde dies alles wieder zurück, blieb in Zukunft allerdings in der «Gewalt» (*dicio*) der Römer. Wer Rom aber zu sehr gereizt hatte, an dem wurde mittels Terror ein Exempel statuiert: Die Stadt wurde geplündert und zerstört und ihre Bevölkerung getötet, versklavt oder deportiert. Rom hatte gezeigt, dass es die Fähigkeit besaß, Gehorsam zu erzwingen.

Nach einem erfolgreichen Krieg belohnte der Senat mehr oder weniger großzügig die «Verbündeten und Freunde des römischen Volkes» (*socii et amici populi Romani*). Auf diese Weise erhielt nach dem 2. Punischen Krieg der Numiderkönig Massinissa karthagische Gebiete zugesprochen, nach dem Sieg über Antiochos III. (190) König Eumenes II. von Pergamon große Teile Westkleinasiens und die Stadt Rhodos die karisch-lykische

Küstenregion in Südwestkleinasien. Die griechischen Städte, die auf Grund eines Vertrages (*foedus*) zu Rom hielten, wurden – wie schon in früherer Zeit von den hellenistischen Königen – mit Privilegien belohnt oder diese wurden ihnen entzogen, falls sie sich auf die Seite der Gegner gestellt hatten. Dabei handelte es sich hauptsächlich um die «Autonomie», das Recht, nach der eigenen politischen Ordnung zu leben, sowie um die «Freiheit» von Tributen, Besatzungen und Einquartierungen.

Diese Konstellation in der hellenistischen Welt führte dazu, dass der Senat unausgesprochen erwartete, von den griechischen Monarchen und Gemeinwesen vor allen außenpolitischen Entscheidungen konsultiert zu werden. So warnten Berater König Attalos II. von Pergamon, einen Verbündeten Roms, bei den Vorbereitungen eines Feldzugs gegen die Galater in Anatolien, nichts ohne die Römer zu unternehmen; besonders ein Erfolg der Unternehmung würde ihre Missgunst wecken. Daher ist es nicht verwunderlich, dass jedes Jahr zahlreiche Gesandtschaften der Könige, Bundesstaaten und Städte Anhörung im Senat begehrten, um sich das Plazet für ihre Vorhaben zu holen, die Römer vor wirklichen oder angeblichen Umtrieben gegen sie zu warnen oder ihre eigenen Feinde anzuklagen. Alle Informationen flossen auf diese Weise in Rom zusammen, und dieses Wissen nutzte der Senat weidlich.

So kontrollierte und manipulierte der Senat die außenpolitischen Aktivitäten und insbesondere die Kriege der griechischen Gemeinwesen. Zwar konnten diese – die meisten von ihnen waren ja notgedrungen nach und nach «Freunde» und «Verbündete» des römischen Volkes geworden – untereinander noch Verträge abschließen, doch finden sich in Bündnisverträgen seit der Mitte des 2. Jh.s v. Chr. Klauseln, die die gegenseitigen Beistandsverpflichtungen von der Treue der Bündnispartner zu Rom abhängig machten. Damit reagierten die Monarchen und autonomen Städte auf den Umstand, dass ohne Rom nichts mehr in der hellenistischen Welt ging. Weil die Vormacht aber noch immer zögerte, ihrer Machtposition entsprechend direkte Verantwortung zu übernehmen, griffen einige der betroffenen Herrscher zu dem ungewöhnlichen Mittel, ihre Königreiche einfach dem römischen Volk testamentarisch zu hinterlassen. So gelangte das Reich von Pergamon in Westkleinasien an Rom und wurde zur Provinz *Asia* umgewandelt (133/129). Dem Beispiel von Attalos III. folgten später die Könige Apion von Kyrene in Nordafrika (96/74) und Nikomedes IV. von Bithynien am Schwarzen Meer (74/63).

Gegen Ende der römischen Republik, beim Tode Caesars (44 v. Chr.), hatte das Imperium Romanum sich nicht nur als Weltmacht etabliert, sondern auch als Weltreich Gestalt angenommen. Rom verfügte nun über 18 reguläre Provinzen. Während die Verhältnisse im Osten durch Pompeius und in Norditalien und Gallien durch Caesar vorerst konsolidiert schienen, war die spanische Halbinsel noch immer nicht ganz unter römischer Kontrolle. Hier führte Augustus langwierige Kriege, bevor die endgültige Unterwerfung gelang (25–16/13 v. Chr.). Der Bürgerkrieg nach Caesars Ermordung zwischen Octavian, Sextus Pompeius und Marcus Antonius stellte das Reich noch einmal vor eine Zerreißprobe und führte dazu, dass Octavian nach seinem Sieg über Marcus Antonius und die letzte Ptolemäerkönigin Kleopatra VII. (30) unter seinem neuen Namen Augustus das Imperium als Monarchie neu organisierte (27).

3. Konsolidierung: Die Integration der Provinzen in der frühen und hohen Kaiserzeit

Die Herrschaft des Augustus markiert einen weiteren Wendepunkt in der Geschichte des Imperium Romanum. Dieses war auf dem besten Wege gewesen, trotz und zugleich wegen seiner erfolgreichen Expansion endgültig auseinanderzubrechen, was nur der Sieg Octavians über Marcus Antonius verhindert hatte. Die Bedingung für den Erhalt des Imperiums war der politische Systemwechsel von der Republik zur Monarchie, von einer durch die Expansion des Reiches und der Herrschaftsaufgaben überforderten und aus den Fugen geratenen aristokratischen Ordnung zu einer hinter republikanischer Fassade errichteten Alleinherrschaft, der die Forschung den Namen ‹Prinzipat› gab.

Die Struktur des Imperium Romanum zur Zeit des Augustus

charakterisierte Strabon am Ende seiner *Geographie*, die den römischen *orbis terrarum* beschreibt, so: «Dieses ganze den Römern unterstehende Land wird teils von Königen regiert, teils besitzen sie es selber unter dem Namen ‹Provinzen› und schikken Statthalter und Steuereinnehmer dorthin. Es gibt auch ein paar freie Städte, teils solche, die sich den Römern von Anfang an angeschlossen hatten; anderen haben sie selber als Auszeichnung die Freiheit geschenkt. Unter ihrer Oberherrschaft stehen auch ein paar Fürsten, Stammeshäupter und Priester; diese leben nach altüberlieferten Gesetzen» (17,24). Das Imperium Romanum bestand nach Auffassung der Zeitgenossen nicht nur aus den Gebieten, die Rom als Provinzen seiner direkten Herrschaft unterstellt hatte. Ausgenommen von der Zuständigkeit der Statthalter waren «freie Städte» wie Aphrodisias in *Asia* oder Athen in *Achaia*, die von den Imperatoren der späten Republik für ihre Romtreue privilegiert worden waren. Sie zahlten zwar keinen Tribut und gehörten rechtlich nicht zu der Provinz, auf deren Gebiet sie lagen, standen aber faktisch unter kaiserlicher Kontrolle. Einen ähnlichen Status besaßen Tempelherrschaften wie Komana in Pontos oder Völker unter einheimischen Dynasten wie Judäa unter Herodes, deren Gebiete gleichfalls von römischen Provinzen umgeben waren. An den Rändern des Reiches dagegen, besonders in Regionen, deren traditionelle Kultur sich deutlich von der griechischen bzw. römischen Zivilisation unterschied, beließen Augustus und andere Kaiser wie zuvor schon Pompeius, Caesar und Marcus Antonius die oft nur nominell unterworfenen Reiche oder Völker einheimischen Dynasten, die sie häufig selbst einsetzten. Zwar entzogen die Kaiser den Vasallenkönigen in Anatolien und im Orient im Laufe des 1. Jh.s n. Chr. wieder ihre Reiche, wenn sie diese erfolgreich hellenisiert hatten (Judäa, Kommagene, Galatien, Paphlagonien, Kappadokien), doch stifteten sie weiterhin Vasallenbeziehungen mit Stammesführern in Britannien, in Germanien, auf dem Balkan, in Arabien und in Afrika, wo die örtlichen Verhältnisse eine Hellenisierung oder Romanisierung nicht zuzulassen schienen. Das Imperium Romanum reichte demnach immer über die niemals definierten Grenzzonen des Gebietes hinaus, das die Römer in Form von Provinzen ihrer direkten Herrschaft unterstellt hatten.

Augustus etablierte im Jahr 27 v. Chr. eine neue Provinzial-ordnung, die 300 Jahre lang Bestand hatte, bevor sie Kaiser Diokletian (284–305) umgestaltete. Grundlegend war der Un-terschied zwischen den «Provinzen des römischen Volkes» (*pro-vinciae populi Romani*), die meistens Senatsprovinzen genannt werden, und den «Provinzen des Kaisers» (*provinciae Caesaris*). Erstere wurden im Stil der republikanischen Zeit von jährlich wechselnden Statthaltern senatorischen Ranges, die nun alle *proconsul* hießen, regiert. Mit kaiserlichem Einverständnis wählte sie der Senat, dem sie rechenschaftspflichtig waren. Da-gegen schickte der Kaiser – nach dem Vorbild, das Pompeius und Caesar gegeben hatten – auf der Grundlage seiner überra-genden Machtstellung außerhalb Roms (*imperium proconsula-re maius*) nur ihm verantwortliche Legaten in ‹seine› Provinzen, deren Titel *legatus Augusti pro praetore* lautete. Sie amtierten durchschnittlich 2–3 Jahre lang. Sowohl die Prokonsuln wie die kaiserlichen Legaten wurden rangmäßig danach differenziert, ob es sich um einen Statthalter handelte, der erst die Prätur oder bereits den Konsulat bekleidet hatte. Danach waren auch ihre Amtsbereiche in die proprätorischen und die bedeutenderen prokonsularischen Provinzen geschieden. Die kaiserlichen Pro-vinzen waren Grenzprovinzen, die als noch nicht «befriedet» galten und in denen sämtliche Legionen und die meisten Hilfs-truppen (*auxilia*) stationiert waren, während die Statthalter der Senatsprovinzen nur über kleinere Auxiliarverbände verfügten.

Neben diesen beiden Statthaltertypen senatorischen Ranges ernannte Augustus auch Gouverneure ritterlichen Ranges, die den Titel *procurator* oder *praefectus* führten. Mit den Rittern, die nun deutlich von den Senatoren geschieden und als eigener «Stand» (*ordo equester*) etabliert wurden, schufen sich die Kai-ser eine funktionale Zweitelite, die ein Gegengewicht zur tradi-tionellen Senatorenelite bildete. Die ritterlichen Amtsträger ver-dankten ihren Aufstieg allein dem Kaiser, weil ihnen das tradi-tionelle Prestige der Senatoren fehlte, und sie waren daher loyaler als die senatorischen Magistrate und Heerführer. Sie kommandierten in der Regel keine Legionen, da sie kein *imperium* besaßen, sondern führten Auxiliarverbände (Kohorten und Alen), in denen die nichtrömische (peregrine) Provinzialbevölkerung diente.

Der bedeutendste ritterliche Statthalter war der Präfekt von Ägypten. Senatoren durften diese Provinz, in der nur ritterliche Funktionsträger amtierten und in der selbst die dort stationierte Legion von einem Präfekten geführt wurde, nicht ohne kaiserliche Erlaubnis betreten. Der *praefectus Aegypti* hatte unter Augustus durch ein Volksgesetz (*lex*) das *imperium* übertragen bekommen. Auf diese Weise konnte Augustus die reichste Provinz des Imperiums, die neben Afrika auch der Hauptlieferant des Getreides für Rom war, unter seiner besonderen Kontrolle behalten. Ritterliche Statthalter wurden auch in anderen Provinzen eingesetzt, wobei ihnen vom Kaiser die gleichen Machtbefugnisse eingeräumt wurden wie den Statthaltern senatorischen Ranges.

Augustus konzentrierte mit seiner Provinzialordnung alle militärischen Machtmittel in seiner Hand, was den Provinzen Frieden bescherte, denn die Bürgerkriege hörten auf – sieht man von einzelnen Aufständen und Usurpationsversuchen von Statthaltern ab. Diese selbst wurden nun viel stärker kontrolliert, was auf mittlere Sicht dazu beitrug, dass die Erpressung und Ausbeutung der Provinzialbevölkerung gegenüber der republikanischen Zeit merklich abnahm. Die schon von Zeitgenossen gerühmte Friedensordnung (*pax Augusta* bzw. *pax Romana*) bestand darin, dass den Städten und Völkern in den Provinzen jegliche Möglichkeit genommen wurde, gegeneinander Krieg zu führen, und dass das Regiment der römischen Amtsträger zunehmend kontrolliert wurde, wobei die Provinzialen korrupte Statthalter vor dem Kaiser und Senat erfolgreicher anklagen konnten als zu Zeiten der Republik. Die Statthalter waren nun alle tendenziell Gesandte des Kaisers geworden und keine selbstherrlichen Imperatoren mehr, die ihre Rivalitäten auf Kosten der Provinzen auslebten.

Die lange Regierungszeit des Augustus (27 v.–14 n. Chr.) ist durch eine Arrondierung des direkten Herrschaftsbereichs im großen Stil geprägt, wobei die neue Provinzeinteilung in vielen Fällen lange Bestand hatte. Nachdem Spanien endgültig unterworfen und 27 v. Chr. in drei Provinzen unterteilt worden war (*Hispania Tarraconensis*, *Lusitania* und *Baetica*), richtete Augustus auch in dem von Caesar eroberten Gallien drei Provinzen ein (*Gallia Lugdunensis*, *Aquitania* und *Belgica*, 16/13 v. Chr.), wobei die alte Provinz *Gallia Narbonensis* in der Provence bestehen blieb. Die westlichen Alpen, die das inzwischen zum römischen Bürgergebiet gewordene Norditalien (42 v. Chr.) von den vier gallischen Provinzen trennten, wurden gleichfalls unterworfen und in vier Bezirke geteilt, die teils provinzialisiert, teils einheimischen Fürsten überlassen wurden. Augustus richtete in der Grenzzone der gallischen Provinzen am Rhein zwei germanische *provinciae* im Sinne von Militärbezirken ein, in denen zwei Heeresverbände (*exercitus*) mit insgesamt acht Legionen standen. Erst Kaiser Domitian (81–96) etablierte schließlich im Jahr 84 *Germania Superior* und *Germania Inferior* als reguläre Provinzen.

Ähnlich wie der Rhein bildete auch die Donau eine Grenzregion, die unter Augustus und seinen unmittelbaren Nachfolgern noch nicht in Form von regulären Provinzen dauerhaft organisiert, sondern vor allem militärisch unter dem Kommando von Präfekten gesichert wurde. Dies gilt für das Gebiet zwischen Donau und den Schweizer Alpen (*Raetia*), Österreich (*Noricum*) und den Balkan. Die große Region *Illyricum* im Bereich des ehemaligen Jugoslawien und Ungarns war ein Militärbezirk, in dem seit Caesar immer wieder große Heeresverbände operierten, während Rom die südliche Donauregion in Rumänien und Bulgarien von Makedonien aus zu kontrollieren versuchte. Nach längeren Kämpfen kristallisierten sich in der 9 n. Chr. eingerichteten Großprovinz *Illyricum* neue provinziale Strukturen heraus, die sich Mitte des 1. Jh.s verfestigten: die Provinzen *Dalmatia* an der Küste in Slowenien, Kroatien und Bosnien, *Pannonia* in Ungarn und *Moesia* in Südrumänien und Nordbulgarien.

In Kleinasien und im Vorderen Orient veränderte sich unter Augustus nur wenig gegenüber den Maßnahmen, die Pompeius und Marcus Antonius dort getroffen hatten. Als große neue

Provinz kam *Galatia* in Zentralanatolien hinzu, das nach dem Tod des Vasallenkönigs Amyntas eingezogen wurde (25 v. Chr.). Die Provinz *Cilicia*, in der auch Cicero als Statthalter amtiert hatte, war nach Caesars Tod aufgelöst und teils einheimischen Dynasten überlassen, teils der Provinz *Syria* zugeschlagen worden. Ein Teil des Reiches, das der Vasallenkönig Herodes in Palästina innehatte und das nach seinem Tod unter seine drei Söhne aufgeteilt wurde, gliederte Augustus als *Iudaea* unter einem ritterlichen Präfekten der Provinz *Syria* an (6 n. Chr.) – dort ließ Pontius Pilatus als *praefectus Iudaeae* um 30 n. Chr. Jesus hinrichten.

In Nordafrika veränderte sich die provinziale Landschaft erheblich. Mit *Aegyptus* war die reichste Provinz des Imperiums unter unmittelbare Kontrolle des Kaisers gekommen (30 v. Chr.). Die Kyrenaika im heutigen Libyen wurde mit der Insel Kreta zur Doppelprovinz *Creta et Cyrene* verbunden sowie *Africa* und *Numidia* zur Provinz *Africa Proconsularis* zusammengelegt, die vor allem das heutige Tunesien und Ostalgerien umfasste. Der westliche Küstenabschnitt, Westalgerien und Marokko, blieb als Mauretanien zunächst unter der Herrschaft einheimischer Stammesführer.

Wahrscheinlich unter dem Eindruck der verlorenen Varusschlacht (9 n. Chr.) und der Aufstände in Pannonien (6–9 n. Chr.) hatte Augustus seinem Nachfolger empfohlen, auf eine weitere Expansion zu verzichten. Dies bedeutete freilich nicht, dass fortan ausschließlich eine Defensivstrategie verfolgt wurde. Eher dachte Augustus wohl an eine Konsolidierung des bisher Erreichten, bevor eine weitere Expansion des Reiches ins Auge gefasst werden konnte. Das Römische Reich, also das Bürgergebiet in Italien und die Provinzen, umfasste bei seinem Tod nun eine Fläche von knapp 3,3 Mio. km² bei einer grob geschätzten Einwohnerzahl von über 50 Mio. Menschen. Es war an allen Landgrenzen von Einflusszonen umgeben, in denen indigene Dynasten oder Stammesführer als Vasallen herrschten.

In den folgenden 100 Jahren bis zum Tode Kaiser Trajans (98–117) expandierte das Römische Reich weiter, wobei Gebiete entweder neu erobert, Vasallenreiche annektiert oder bestehende Provinzen geteilt wurden. Durch Annexion fielen im Laufe des 1. Jh.s alle Vasallenreiche und Tempelherrschaften in Kleinasien und im Vorderen Orient an Rom, so dass sich das römische Provinzialgebiet nun bis zum Partherreich im heutigen Irak und Iran vorschob, im Norden nur vom ostanatolischen Königreich Armenien als Pufferzone getrennt, während im Süden der Euphrat die Grenze bildete. Provinzen in Kleinasien wurden das riesige *Cappadocia* in Mittel- und Ostanatolien (17) sowie *Lycia* (43) und *Cilicia* (72) an der Südwestküste Kleinasiens. Im Vorderen Orient schloss Rom das Königreich Kommagene (74) und die kleinen jüdischen Dynastien der Provinz *Syria* an. In Afrika zog Kaiser Caligula (37–41) die mauretanischen Fürstentümer ein und Kaiser Claudius (41–54) wandelte sie kurz darauf in die beiden prokuratorischen Provinzen *Mauretania Caesariensis* und *Tingitana* (42) um. Claudius war es auch, der die ersten regulären Provinzen entlang der Donau etablierte: *Raetia* und *Noricum* (43), *Dalmatia* und *Pannonia* im Gebiet des Illyricum sowie *Moesia* (44) und *Thracia* (45) an der unteren Donau. Zur selben Zeit eroberte und provinzialisierte er England (43), wobei die Provinz *Britannia* unter den folgenden Kaisern bis nach Schottland ausgeweitet wurde.

Am Ausgang der frühen Kaiserzeit, d. h. nach dem Ende der Dynastien der Iulier (27 v.–68 n. Chr.) und der Flavier (69–96), hatte das Imperium Romanum eine Gestalt gewonnen, in der sämtliche Grenzregionen als reguläre Provinzen organisiert worden waren. Fast alle Vasallenfürstentümer waren verschwunden. Die Verteilung der inzwischen 30 Legionen zeigte an, wo die Schwerpunkte bei der Expansion und der Verteidigung des Reiches lagen, was sich in den folgenden Jahrhunderten nicht mehr änderte. Die größten Heeresverbände mit zwei bis drei Legionen je Provinz lagen im Norden in *Britannia*, am Rhein in den beiden germanischen Provinzen, an der Donau in den Grenzprovinzen der beiden *Moesia* und *Pannonia* sowie am Euphrat in *Cappadocia* und *Syria*.

Unter der Herrschaft Trajans kamen neue Gebiete hinzu. Der Kaiser eroberte das Gebiet zwischen Donau und den Karpaten von den Dakern und richtete die Provinz *Dacia* (106) ein. Er zog das Königreich der Nabatäer in Jordanien und auf dem Sinai ein und wandelte es zur Provinz *Arabia* (106) um. Sein Versuch, den Parthern Mesopotamien und Großarmenien abzunehmen, blieb nur Episode; die neuen Provinzen *Armenia* (114), *Assyria* und *Mesopotamia* (115) wurden von seinem Nachfolger Hadrian (117–138) gleich wieder aufgegeben. Erst Septimius Severus (193–211) gelang es, parthische Gebiete zwischen Euphrat und Tigris längerfristig zu behaupten, wo er die Provinz *Mesopotamia* (195–227) unter der Leitung eines ritterlichen Präfekten einrichtete.

Bereits seit dem Ende des 1. Jh.s n. Chr. gingen einzelne Kaiser dazu über, zur besseren Grenzverteidigung größere Provinzen in kleinere Statthalterkommandos aufzuteilen. Doch zerschlugen sie auch Provinzen, in denen mehrere Legionen standen, wenn sich dort Statthalter gegen den Kaiser empört hatten. Getrennt wurden so die Provinzen *Moesia* (86), *Pannonia* (106) und *Britannia* (197) in einen oberen und unteren Teil (*superior* und *inferior*). Hadrian teilte *Dacia* in zunächst zwei und dann drei Provinzen (118 bzw. 120), und Septimius Severus (193–211) zerschlug *Syria* in die beiden Provinzen *Syria Coele* und *Syria Phoenice* (194). Aus *Africa* wurde *Numidia* als eigene Provinz ausgegliedert (203), ebenso *Pontus* aus *Galatia* (227) und *Phrygia et Caria* aus der großen Provinz *Asia* (249). Seltener kam es vor, dass Provinzen aus militärischen Erwägungen zeitweise zusammengelegt wurden wie *Galatia* und *Cappadocia* (55–66 und 76–113). Wenn militärische Optionen eine Konzentration der Kommandogewalt wünschenswert erscheinen ließen, griffen die Kaiser lieber zum Mittel eines den Statthaltern übergeordneten militärischen Kommandos.

Die Periode von den so genannten Adoptivkaisern bis zum Ende der Dynastie der Severer (96–235 n. Chr.) gilt als Blütezeit des Imperium Romanum, in der die Provinzen und ihre Städte prosperierten. Das bedeutet freilich nicht, dass das Reich nun eine friedliche Zeit erlebte. Das ganze 2. Jh. über wurde auf dem Balkan und in Mesopotamien Krieg geführt, doch wirkte sich das nicht zu belastend auf die Provinzen aus. Während es Rom an der Donau mit «barbarischen» Völkern wie den Dakern,

Markomannen oder Quaden zu tun hatte, war es am Euphrat mit der seit Jahrhunderten etablierten iranischen Dynastie der Arsakiden im Partherreich konfrontiert (247 v.–224 n. Chr.), die nur auf Armenien Einfluss nahm, sich im Übrigen aber kaum expansiv verhielt. Dies änderte sich schlagartig, als die Sāsāniden im Jahr 224 die Herrschaft übernahmen. Sie betrachteten den Vorderen Orient und ganz Kleinasien in der Tradition des Achaimenidenreiches als ihre Einflusszone und gingen bald zu massiven Angriffen auf das Römische Reich über. Die Auseinandersetzung mit den Sāsāniden dauerte 400 Jahre.

Seit dem Ende der 60er Jahre des 1. Jh.s n. Chr. ist das römische Reich auch immer wieder durch innere Unruhen erschüttert worden. Zum einen waren dies die Aufstände der Bataver (69–70) in Gallien und Germanien im Anschluss an den Bürgerkrieg im Vierkaiserjahr 69 sowie der Juden in *Iudaea* (66–70; 132–135) und in der Diaspora in Ägypten und Kyrene (115–117). Gegen die Juden ergriffen die Kaiser drastische Maßnahmen; Vespasian (69–79) ließ den Tempel in Jerusalem nach den Babyloniern (586 v. Chr.) ein zweites Mal zerstören, und Hadrian gründete die Stadt als *Aelia Capitolina* neu (130). Der Auslöschung des jüdischen Namens diente auch die Umbenennung der Provinz *Iudaea* in *Syria Palaestina* (135).

Doch drohte Rom weniger von solchen Aufständen Gefahr als von den Bürgerkriegen, die im Gefolge von Usurpationen ausbrachen (68–69; 193–197; 238). Sie stellten ein strukturelles Problem der römischen Monarchie dar, zum einen, weil ein Imperium immer mit Verselbständigungs- oder Abspaltungstendenzen an seiner provinzialen Peripherie zu kämpfen hat, zumal, wenn die dortigen Statthalter aus der traditionellen Elite stammen; dem begegneten die Kaiser, indem sie die Gouverneure nach kurzer Zeit wieder ablösten und in Form der ritterlichen Verwaltung eine loyale Zweitelite aufbauten. Zum anderen war ein amtierender Kaiser durch nichts weiter legitimiert, als durch die Anerkennung seiner Herrschaft seitens des Heeres, des Senats und der hauptstädtischen Bevölkerung. Zerbrach der Konsens zwischen dem Kaiser und einem oder mehreren dieser politischen Machtfaktoren, wurde also die Loyalität aufgekündigt, war es für einen von seinen Legionen zum Imperator ausgerufenen Statthalter erfolgversprechend, die Anerkennung der übrigen Gruppen zu gewinnen. Problematisch wurde es, wenn mehrere Prätendenten gleichzeitig ihre Ansprüche geltend machten: Die Bürgerkriege zogen die Städte in den Provinzen massiv in Mitleidenschaft, da diese sich für einen Thronanwärter entscheiden mussten. Damit herrschte wieder eine Situation, wie sie für die Bürgerkriegszeit in der späten Republik kennzeichnend gewesen war.

Einen wichtigen Einschnitt in der Geschichte des Imperiums bildete die reichsweite Vergabe des römischen Bürgerrechts im Jahr 212 durch Kaiser Caracalla (211–217). Damit wurde die rechtliche Trennung von römischen Bürgern und Peregrinen aufgehoben und ein einheitlicher Untertanenverband römischer Bürger geschaffen. Schon zuvor hatten nicht wenige Bewohner der Provinzen als Amtsträger in ihren Heimatstädten oder durch den Dienst in den römischen Hilfstruppen und in der Reichsverwaltung das römische Bürgerrecht erhalten. Auch waren provinziale Aristokraten bereits im 1. Jh. n. Chr. in den Senat aufgenommen worden, zunächst aus den am stärksten romanisierten westlichen Provinzen, dann auch zunehmend aus dem griechischsprachigen Reichsteil. Einesteils stammten sie aus italischen Familien, die in den Provinzen ansässig waren, andernteils aus den einheimischen Eliten. Einzelne hatten es sogar geschafft, Kaiser zu werden, wie Trajan und Hadrian, die aus der spanischen Provinz *Baetica* stammten, oder Septimius Severus, der aus der Provinz *Africa* kam.

Seit den Einfällen der Sāsāniden am Euphrat und der Alamannen am Rhein und der oberen Donau in den 230er Jahren geriet das Reich dann dauerhaft in die Defensive. Die «Krise des 3. Jahrhunderts» unter den so genannten Soldatenkaisern (235–284) gilt heute als ein Zeitraum gravierender Veränderungen im Römischen Reich, welche die Transformation des Imperium Romanum in der Spätantike (284–565) einleiteten. Das Jahrhundert von Kaiser Severus Alexander (222–235) bis zu Konstantin (306–337) war davon bestimmt, dass an fast allen Reichsgrenzen – in Britannien, an Rhein und Donau, an Euphrat und Tigris – Einfälle zum Teil weit ins Reichsgebiet hinein erfolgten, so dass die Kaiser in eigener Person dauernd Kriege führen mussten. Blieben bis zur arabischen Eroberung des Iran (636–651) die Sāsāniden und ihre arabischen Verbündeten der Hauptgegner im Osten, so erschienen an der Rhein- und Donaugrenze immer wieder neue Völkerschaften germanischer, iranischer (Sarmaten, Alanen) und später hunnischer Herkunft – die Invasionen rissen hier bis ins 6. Jh. hinein nicht mehr ab.

Invasionen sind ein strukturelles Problem von landgestützten Imperien mit einer «barbarischen» Peripherie. Die Reichsbewohner hatten bereits vor der allgemeinen Bürgerrechtsverleihung eine rombezogene Identität entwickelt, für die alle Völker außerhalb ihres Imperiums «Barbaren» waren. Auch den Römern war dabei klar, dass sie es in Mesopotamien nicht mit Barbaren im eigentlichen Sinne zu tun hatten, sondern mit einem weiteren Imperium, mit dem sie sich in hegemonialer Auseinandersetzung befanden. Dass sich die Grenzzone zum Perserreich über 600 Jahre hinweg kaum veränderte, zeigt den Unterschied zur «barbarischen» Peripherie in Afrika, Britannien sowie an Rhein und Donau. Dem Überlegenheitsgefühl der «Römer» gegenüber den dortigen «Barbaren» entsprach ein deutlicher Unterschied im Grad der militärischen, politischen und rechtlichen Organisation der Herrschaft sowie im Niveau der materiellen und geistigen Kultur. Während das Imperium seine Expansion mit seiner zivilisatorischen Überlegenheit begründet und als Mission verklärt, erscheint dieses den Barbaren anfangs attraktiv im Sinne eines Beuteobjekts, bald jedoch auch als Lebensraum. Das Imperium wiederum übernimmt einzelne Barbarengruppen und ihre Führer in seine Dienste, wie dies auch die römischen Kaiser von Anfang an getan hatten. Je höher dadurch der soziale und kulturelle Organisationsgrad der Barbaren und ihre gesellschaftliche Differenzierung werden, desto gefährlicher sind sie dem Imperium, an dem sie partizipieren wollen.

Die prekäre Situation an den Grenzen und in den von den Einfällen heimgesuchten Provinzen und Städten führte zu weitreichenden Veränderungen. Um die Kriegführung professioneller zu gestalten, ernannten die Kaiser zunehmend ritterliche

Provinzstatthalter und Legionskommandeure, die ab der Mitte des 3. Jh.s die Senatoren aus fast allen wichtigen Positionen verdrängten. Damit wurde neben der Finanzverwaltung auch die Leitungsebene der Provinzen und ihrer Legionen durch die ritterlichen Funktionsträger direkt der kaiserlichen Verwaltung und ihrem Instanzenzug unterstellt, der sich im Laufe des 2. Jh.s herausgebildet hatte. Die Verkleinerung der Provinzen ging weiter, überregionale militärische Kommandos wurden häufiger, und es kam zu zahlreichen Usurpationen und schließlich zu regionalen Abspaltungen auf römischem Reichsgebiet wie den «Sonderreichen» in Gallien (260–274), Britannien (286–296) und Palmyra (260–272). In Gallien und Britannien hatten Statthalter bzw. in Palmyra eine arabische Dynastie die Grenzverteidigung wirksamer geleitet als der meist ferne und überforderte Kaiser. Das Gallische Reich umfasste zu Beginn 15 römische Provinzen im Westen, darunter alle spanischen, germanischen, britannischen und gallischen, während Palmyra auf dem Höhepunkt seiner Macht unter der Königin Zenobia den ganzen Vorderen Orient und Teile Kleinasiens dominierte. Diese Reichsbildungen waren nicht separatistisch, obwohl sie aus der kaiserlichen Perspektive als Abfallbewegungen erschienen. Mit der Regionalisierung von Herrschaftsbildungen auf römischem Boden kündigte sich ein charakteristisches Phänomen der Spätantike an.

4. Transformation: Die Marginalisierung der Provinzen in der spätantiken Kaiserzeit

Man kann den Beginn der spätrömischen Kaiserzeit zu dem Zeitpunkt ansetzen, als die Kaiser Diokletian und Konstantin mittels Reformen versuchten, das Römische Reich wieder zu stabilisieren. Denn das Imperium schien kurz vor seinem Zusammenbruch zu stehen, und zwar weniger wegen der äußeren Bedrohungen als den dadurch ausgelösten politischen Verwerfungen im Inneren. Kaum ein Kaiser erhielt im 3. Jh. genügend Zustimmung bei allen Heeresverbänden, weshalb die meisten auch bald ermordet wurden. So waren Usurpationen und Erhe-

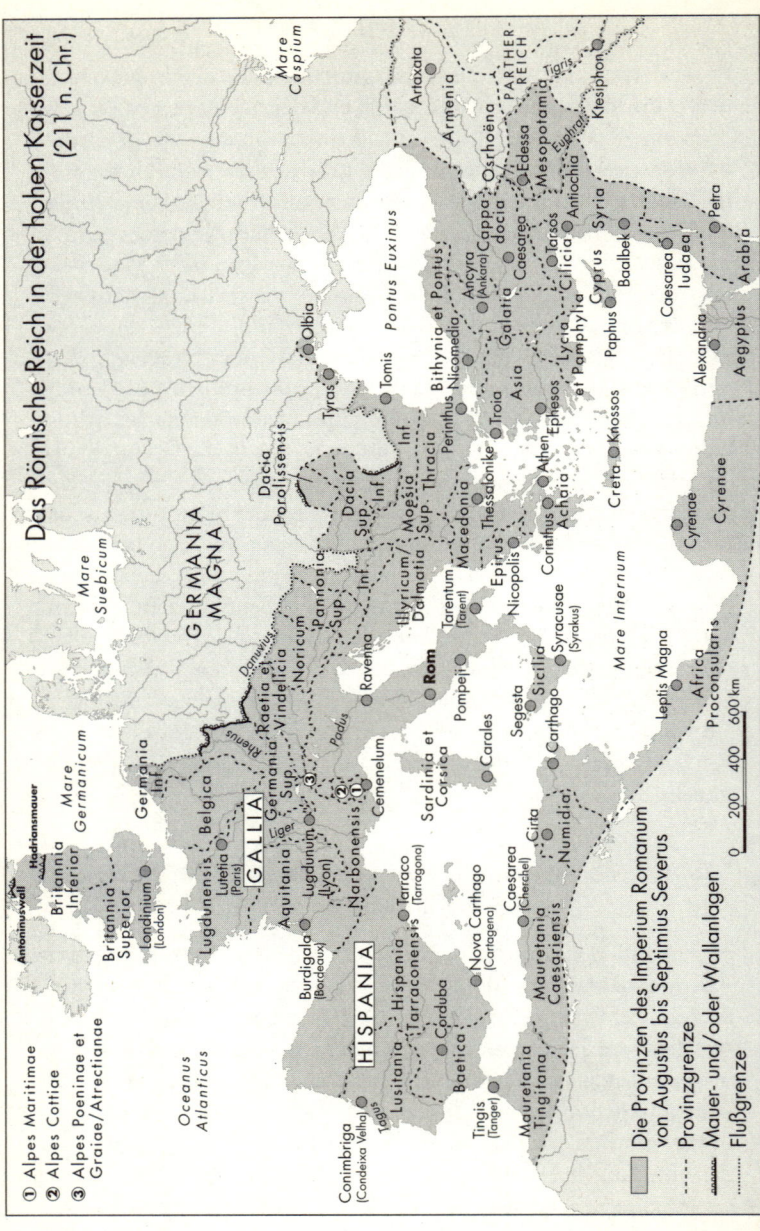

Das Römische Reich in der hohen Kaiserzeit (211 n.Chr.)

- ① Alpes Maritimae
- ② Alpes Cottiae
- ③ Alpes Poeninae et Graiae/Atrectianae

Die Provinzen des Imperium Romanum von Augustus bis Septimius Severus

- - - - Provinzgrenze
▬▬▬ Mauer- und/oder Wallanlagen
········· Flußgrenze

0   200   400   600 km

Oceanus Atlanticus

Mare Germanicum
Mare Suebicum

GERMANIA MAGNA

Mare Caspium

PARTHER-REICH

Mare Internum

Pontus Euxinus

Antoninuswall
Hadriansmauer

Britannia Inferior
Britannia Superior
Londinium (London)

Lutetia (Paris)
Lugdunensis
Belgica
Germania Inf.
Germania Sup.
Raetia et Vindelicia
Noricum
Pannonia Sup.
Pannonia Inf.
Dacia Porolissensis
Dacia Sup.
Dacia Inf.
Moesia Sup.
Moesia Inf.
Olbia
Tyras
Tomis

Aquitania
GALLIA
Lugdunum (Lyon)
Narbonensis
Cemenelum
Ravenna
Padus
Rhenus
Danuvius
Liger

Burdigala (Bordeaux)
HISPANIA
Hispania Tarraconensis
Tarraco (Tarragona)
Nova Carthago (Cartagena)
Corduba
Baetica
Lusitania
Conimbriga (Condeixa Velha)
Tagus

Sardinia et Corsica
Carales
Segesta
Sicilia
Syracusae (Syrakus)
Carthago

Tingis (Tanger)
Mauretania Tingitana
Mauretania Caesariensis
Caesarea (Cherchel)
Cirta
Numidia

Rom
Pompeji
Tarentum (Tarent)
Illyricum
Dalmatia
Epirus
Nicopolis
Corinthus
Achaia
Athen
Macedonia
Thessalonike
Thracia
Perinthus
Byzantion
Bithynia et Pontus
Nicomedia
Troia
Asia
Ephesos
Lycia et Pamphylia
Paphus
Cyprus
Creta
Knossos
Cyrenae
Africa Proconsularis
Leptis Magna

Ancyra (Ankara)
Galatia
Cappadocia
Caesarea
Cilicia
Tarsos
Antiochia
Syria
Baalbek
Iudaea
Caesarea
Aegyptus
Alexandria
Arabia
Petra

Armenia
Artaxata
Osrhoëna
Edessa
Mesopotamia
Tigris
Euphrat
Klesiphon

Foedus

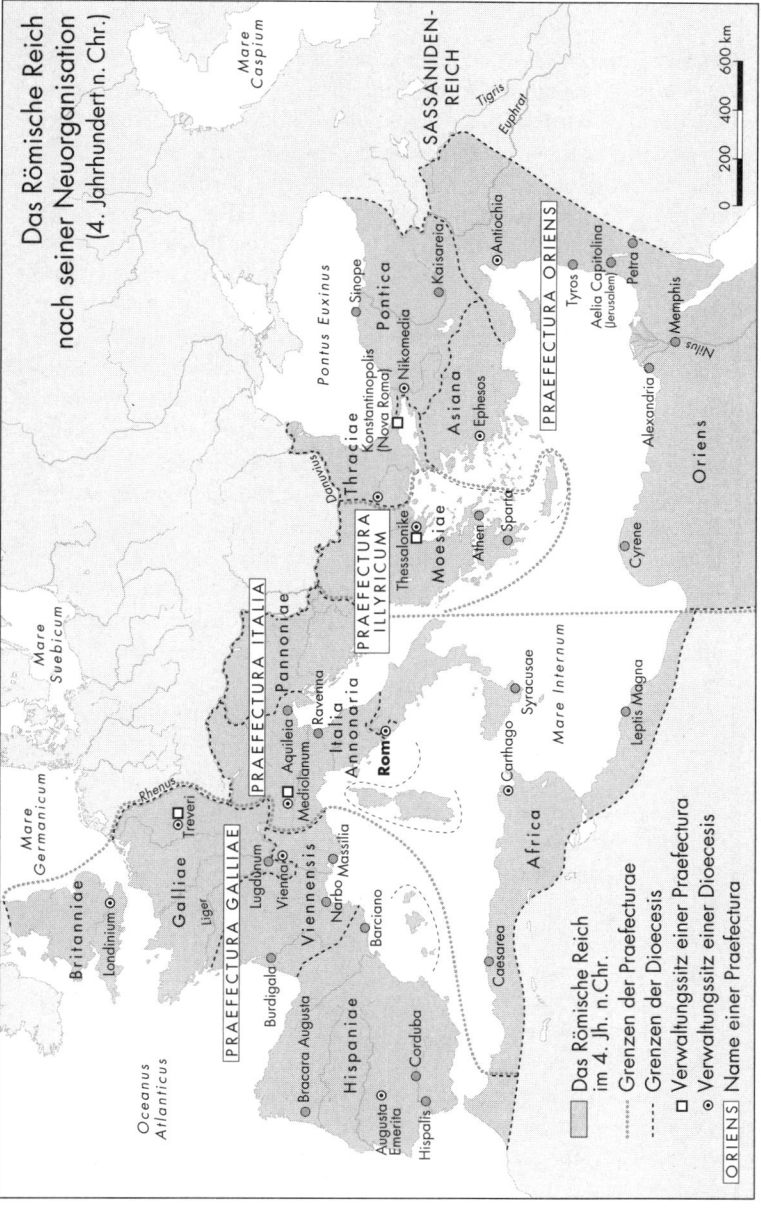

Das Römische Reich nach seiner Neuorganisation (4. Jahrhundert n. Chr.)

Mare Caspium

Mare Suebicum

Mare Germanicum

Oceanus Atlanticus

Britannie
Londinium ⊙

PRAEFECTURA GALLIAE

Galliae
Treveri ⊙
Rhenus
Liger
Lugdunum ⊙
Vienno ⊙
Burdigala

Viennensis
Narbo Massilia
Baciano

Hispaniae
Bracara Augusta
Augusta Emerita ⊙
Corduba
Hispalis

PRAEFECTURA ITALIA

Pannoniae
Aquileia ⊙
Mediolanum □
Ravenna
Italia Annonaria
Rom ⊙

Caesarea

Africa
Carthago ⊙
Syracusae
Lepis Magna

Mare Internum

PRAEFECTURA ILLYRICUM

Danuvius

Moesiae
Thessalonike □
Athen
Sparta

Thraciae
Konstantinopolis (Nova Roma) □

Pontus Euxinus

Sinope
Pontica
Nikomedia ⊙
Kaisareia ⊙

Asiana
Ephesos ⊙

PRAEFECTURA ORIENS

Antiochia ⊙

SASSANIDEN-REICH

Tigris
Euphrat

Oriens
Tyros
Aelia Capitolina (Jerusalem)
Petra
Cyrene
Alexandria
Memphis
Nilus

0   200   400   600 km

Das Römische Reich im 4. Jh. n.Chr.

⸱⸱⸱⸱⸱ Grenzen der Praefecturae

----- Grenzen der Dioecesis

□ Verwaltungssitz einer Praefectura

⊙ Verwaltungssitz einer Dioecesis

ORIENS Name einer Praefectura

bungen neuer Kaiser, die aus den mittleren oder höheren Offiziersrängen stammten und häufig provinzialer Herkunft waren, an der Tagesordnung. Trotz der Vergrößerung und Umstrukturierung des römischen Heeres war dieses nicht mehr in der Lage, die Verwüstungen in vielen Provinzen zu verhindern, die die Einfälle der Alamannen und Franken am Rhein, der Markomannen, Quaden, Goten und Heruler an der Donau, der Mauren und Garamanten in Afrika und der Sāsāniden in Syrien und Kleinasien verursachten.

Diokletian und Konstantin reagierten auf diese bedrohliche Situation, indem sie die politischen und militärischen Institutionen veränderten und die Steuererhebung auf eine neue Grundlage stellten. Dies war ein Prozess, der bis zur Mitte des 4. Jh.s andauerte und das Imperium für eine kurze Zeit wieder konsolidierte. Von entscheidender Bedeutung für die Provinzen waren zwei Maßnahmen, nämlich die Neuordnung der Reichsverwaltung und die Aufteilung des Imperiums unter mehrere Mitkaiser. Diokletian verdoppelte die Anzahl der Provinzen, indem er einerseits viele von ihnen teilte, andererseits Italien seinen Sonderstatus nahm und in acht Provinzen umwandelte, womit das Kernland des Reiches nun auch steuerpflichtig wurde. Umfasste das Imperium Romanum um 200 n. Chr. noch 50 Provinzen, so waren es ein Jahrhundert später bereits 101 und am Ende des 4. Jh.s 119 Provinzen. Bis dahin hatte Rom außer Teilen Mesopotamiens (227) und den dakischen Provinzen (271) keine Gebiete verloren.

Die Statthalter verloren ihre militärische Führungsposition in der Provinz, die nun eigenen Amtsträgern mit provinzübergreifenden Kommandos übertragen wurde. Sie führten den Titel *dux* oder *comes*. Den Gouverneuren selbst verblieben die zivilen Regierungsgeschäfte, im wesentlichen die Rechtsprechung, weshalb sie in den Quellen häufig *iudex* (Richter) genannt werden. Dieser Bedeutungsverlust des Statthalteramtes und der einzelnen Provinz verstärkte sich noch dadurch, dass nun zwischen dem Kaiser und seinen Statthaltern zwei regionale Verwaltungsinstanzen eingerichtet wurden: vier regionale Prätoriumspräfekturen unter je einem *praefectus praetorio* und 13, später 15 Diözesen unter je einem *vicarius*. Die alte Trennung der Statthalter in Prokonsuln und Legaten senatorischen Ranges und ritterliche Präsidialprokuratoren und Präfekten wurde aufgegeben. Dafür etablierte sich bis zur Mitte des 4. Jh.s eine Rangfolge von vier Gouverneurstypen, die alle aus dem nun deutlich erweiterten, aber hierarchisch stark gegliederten Senatorenstand stammten: An der Spitze standen die Prokonsuln von *Africa*, *Asia* und *Achaia*, gefolgt von *consulares*, *correctores* und *praesides*. Abgesehen von den angesehenen Prokonsuln mussten nun alle Statthalter über den zuständigen Vikar und Prätoriumspräfekten mit dem Kaiser kommunizieren.

Die zweite Veränderung betraf das kaiserliche Regiment. Diokletian versuchte, die Reichsverteidigung und Administration besser in den Griff zu bekommen, indem er neben sich einen zweiten Kaiser als *Augustus* und zwei Nachfolger als *Caesares* ernannte und ihnen Reichsteile als Herrschaftsbereiche zuwies, ohne die Einheit des Imperiums aufzugeben. Dieses Modell einer Viererherrschaft (Tetrarchie) scheiterte zwar bald an den dynastischen Ambitionen einzelner Herrscher, doch machte es insofern Schule, als nun die spätantiken Kaiser – wie zuvor schon Marcus Aurelius und Septimius Severus – Mitkaiser ernannten, um ihre Herrschaftsaufgaben besser bewältigen zu können. Dies bedeutete, dass Rom seine Stellung als Metropole für alle Provinzen verlor. Nicht nur schuf Konstantin im Jahr 330 n. Chr. mit Konstantinopel eine zweite Hauptstadt mit denselben Institutionen wie in Rom, vor allem einem zweiten Senat. Auch die über die Provinzen verteilten Residenzstädte der Mitkaiser wurden nun vorübergehend oder für längere Zeit zu Herrschaftsmittelpunkten. Dies waren in den westlichen Provinzen Trier, Arles, Aquileia, Mailand und Ravenna, auf dem Balkan Sirmium, Serdica (Sofia) und Thessalonike, in Kleinasien Nikaia und Nikomedia sowie in Syrien Antiochia. Erst unter den Nachfolgern des Kaisers Theodosius I. (379–395), als das Imperium Romanum faktisch geteilt war und die Kaiser nicht mehr in eigener Person Krieg führten, bildeten sich Konstantinopel im Osten und Ravenna im Westen als Hauptresidenzen heraus.

Obwohl es Diokletian und Konstantin noch einmal gelang, vorübergehend die Ruhe an den Grenzen wiederherzustellen, wurde das Reich seit der Mitte des 4. Jh.s dauerhaft von Einfällen zahlreicher Völker an Rhein und Donau geplagt. Die Bürgerkriege im Inneren hatten bereits unter Konstantin wieder eingesetzt, und die Usurpationen rissen unter seinen Nachfolgern nicht mehr ab. Diese permanente innere Zerrissenheit begünstigte die Einfälle der «Barbaren». Gegenüber dem 3. Jh. hatte sich die Situation verschärft, da mit der Westwanderung der hunnischen Reiternomaden große Migrationen unter den Völkerschaften zwischen Don und Donau ausgelöst wurden. Massenhaft überquerten die Goten die Donau und suchten Schutz im Römischen Reich (376). Als sie trotz eines Ansiedlungsvertrages von den römischen Machthabern feindselig behandelt wurden, fügten sie dem oströmischen Kaiser Valens 378 bei Hadrianopolis (Edirne) die schlimmste römische Niederlage seit Cannae zu.

Diese neue historische Konstellation führte letztlich dazu, dass die weströmischen Kaiser seit Honorius (395–423) eine Provinz nach der anderen verloren. Im Winter 406/7 überrannten Sueben, Vandalen und Alanen die Rheingrenze und verheerten Gallien und die spanischen Provinzen, ihnen folgten bald die Burgunder und Franken. 407 verließen die letzten Legionen mit einem Usurpator Britannien, das von den Römern faktisch aufgegeben wurde und seit den 440er Jahren an die Angeln, Sachsen und Jüten fiel, die aus Germanien über das Meer kamen. Die Westgoten unter Alarich fielen 402 in Italien ein und eroberten 410 Rom. Die Einnahme und Plünderung des *caput mundi* 800 Jahre nach der Eroberung durch die Kelten fand eine weitreichende Resonanz: «Erobert wird die Stadt, die sich den ganzen Erdkreis unterworfen hatte» (*capitur urbs, quae totum cepit orbem*), schrieb Hieronymus in einem Brief aus Palästina (127,12). Das Ereignis besaß nicht nur symbolische Bedeutung, sondern spiegelte den realen Machtverlust wider, der das weströmische Reich seit Beginn des 5. Jh.s zum Spielball miteinander rivalisierender und koalierender Barbarenverbände, römischer Heermeister und Usurpatoren gemacht hatte.

Zwar zogen die Westgoten wieder aus Italien ab und ließen
sich zunächst in Aquitanien (418) und später auch in Spanien
nieder, doch war seit der Eroberung der afrikanischen Provinzen durch die Vandalen (429–439) die Getreidezufuhr nach Italien nicht mehr in römischer Hand. Die Vandalen beherrschten
bald das westliche Mittelmeer und eroberten und plünderten
noch einmal Rom (455). Auch die lange Herrschaft Valentini-
ans III. (425–455) vermochte nichts mehr daran zu ändern, dass
sich bereits vor der Absetzung des letzten weströmische Mario-
nettenkaisers (476) im westlichen Reichsteil längst überall germanische Reichsbildungen etabliert hatten: In Afrika das Vandalenreich (439–533), in Nordwestspanien das Suebenreich
(411–585), im restlichen Spanien und in Südwestfrankreich das
Westgotenreich (418–711) und in Nordwestfrankreich das
Frankenreich der Merowinger, das bis 507 ganz Frankreich mit
Ausnahme der Mittelmeerküste unterwarf (482–751). In Südostfrankreich und der Westschweiz etablierte sich das Burgun-
derreich (438–532) und in Italien, Dalmatien und Pannonien
das Ostgotenreich (493–555).

Die römische Provinzialbevölkerung wurde von diesen Verhältnissen in vielfacher Hinsicht in Mitleidenschaft gezogen.
Sie war unmittelbar von der wiederholten Verheerung großer
Landstriche betroffen. Die Barbaren versorgten sich aus dem
Land und zerstörten und plünderten zahlreiche Städte. Die Situation wurde dadurch noch unberechenbarer, dass die römischen Kaiser, Usurpatoren und Heermeister in großem Umfang
germanische und hunnische Verbände neben den regulären
Streitkräften zur Verteidigung gegen die angreifenden Barbaren,
aber auch gegeneinander einsetzten. Da die Provinzialbevölkerung seit Jahrhunderten unbewaffnet war und auch keine Waffen tragen durfte, war sie – als der Schutz durch die reguläre
römische Armee nicht mehr gewährleistet werden konnte – den
Raubzügen weitgehend hilflos ausgeliefert. Zugleich aber blieben die römischen Militärbefehlshaber und Kaiser an der Rekrutierung von Barbarenverbänden interessiert, weil diese wegen ihrer kriegerischen Praxis sofort als Soldaten einsetzbar
waren, während die Rekruten aus der Provinzialbevölkerung

erst mühsam ausgebildet werden mussten und dann überdies als Steuerzahler ausfielen.

Insofern die römischen Kaiser die Barbaren nicht mehr vom Reichsgebiet fernhalten konnten, doch ihrer auch zur Grenz- und Reichsverteidigung bzw. im Kampf gegeneinander bedurften, siedelten sie Barbarenverbände innerhalb der Reichsgrenzen in den bedrohten Grenzregionen geschlossen an. Diese Praxis hatte es bereits hier und da in früherer Zeit gegeben, als einzelne germanische Verbände nach einer rituellen Unterwerfung unter den Kaiser (*deditio*) und einem anschließenden Vertrag (*foedus*) als «Unterworfene» (*dediticii*) kollektiv in ländlichen Regionen angesiedelt und zum Militärdienst verpflichtet wurden. Sie hatten als einzige 212 nicht das römische Bürgerrecht erhalten. Solche *foederati* konnten ab dem letzten Drittel des 4. Jh.s zunehmend die Bedingungen diktieren, zu denen sie sich im Römischen Reich niederließen. Seit dem Vertrag, den Theodosius I. 382 mit einer Gruppe von Goten geschlossen hatte, die er zur Grenzverteidigung zwischen der Donau und dem Balkangebirge ansiedelte, wurden die Neuankömmlinge in Form der militärischen Einquartierung (*hospitium*) bei der provinzialrömischen Bevölkerung untergebracht. Zu Beginn des 5. Jh.s mussten dann die Kaiser ein bis zwei Drittel des Provinzialgebietes abtreten wie bei der Ansiedlung der Westgoten in Aquitanien 418, wobei den römischen Grundbesitzern Teile ihres Landes genommen und den Barbaren als steuerfreie Landlose überlassen wurden.

Die Barbarenverbände fielen nicht in erster Linie in das Römische Reich ein, um zu plündern und zu brandschatzen. Sie hatten auch nicht vor, das Imperium Romanum zu zerstören, sondern waren um eine dauerhafte Ansiedlung und Anerkennung ihrer Stellung bemüht. Sie wollten an der römischen Zivilisation teilhaben und auch Schutz innerhalb der Reichsgrenzen finden. Plünderung und Brandschatzung dienten ihrer Versorgung und als politisches Druckmittel in Verhandlungen mit dem Kaiser in Ravenna oder Konstantinopel. Doch gingen diese Kriegszüge und Ansiedlungen zu Lasten der Provinzialbevölkerung und letztlich auch des Kaisers. Die Steuereinnahmen, auf denen das Kaisertum beruhte, reduzierten sich im Westen dramatisch. Damit aber wurde es immer schwieriger, die regulären römischen Truppen und die germanischen Verbände zu bezahlen, womit eine koordinierte Verteidigung der Provinzen und Regionen kaum noch möglich war. So lassen sich allerorten Auflösungserscheinungen der politischen Ordnung, vor allem eine Abwendung vom Kaiser in Ravenna, erkennen. Es bildeten sich Formen der Selbsthilfe heraus: Bischöfe organisierten die Verteidigung ihrer Stadt, senatorische Großgrundbesitzer paktierten mit Barbaren, entwurzelte Bauern und geflüchtete Sklaven schlossen sich germanischen Verbänden an oder machten als Räuberbanden die Gegend unsicher (Bagauden). Römische, germanische und hunnische *warlords* diktierten in wechselnden Koalitionen das Geschehen.

Dennoch ging das Imperium Romanum nicht unter, nicht einmal im Westen. Zwar waren die römische Administration und mit ihr die Provinzen verschwunden, doch die neuen germanischen Herrscher erkannten den oströmischen Kaiser weiterhin als höchste Autorität an und suchten seine Unterstützung und Anerkennung zu gewinnen. Ihre Reichsbildungen wurden häufig in Form eines *foedus* mit dem Kaiser nachträglich sanktioniert, was ihrer tatsächlichen Machtstellung freilich keinen Abbruch tat. Sie überließen ihm auch die Münzprägung in Gold mit dem Kaiserbildnis und führten nicht die Kaisertitulatur. Umgekehrt gab der oströmische Kaiser niemals seinen Anspruch auf die Gebiete im Westen auf. Kaiser Justinian (527–565) gelang es sogar noch einmal, für kurze Zeit Italien von den Ostgoten zurückzuerobern, bevor es schließlich an die Langobarden (568–774) fiel, und er konnte Nordafrika zurückgewinnen, nachdem er das Vandalenreich vernichtet hatte, ehe es von den Arabern erobert wurde (534–619/642).

Anders als im Westen vermochte es der oströmische Kaiser, die zivile Gewalt über der militärischen zu behaupten, womit den Tendenzen zur Verselbständigung der Heermeister ein Riegel vorgeschoben wurde. Als Folge davon kam es im 5. Jh. kaum zu Usurpationen. Zugleich war die Kaisergewalt im Osten viel stärker religiös fundiert als im Westen, weshalb der oströmische

Kaiser seine politische Autorität über der religiösen des Patriarchen von Konstantinopel und auch des Bischofs von Rom behaupten konnte. Hier wirkte sich der Unterschied zwischen den beiden ehemaligen provinzialen Peripherien des spätrepublikanischen und kaiserzeitlichen Imperium Romanum aus, zwischen der sozial und politisch hoch organisierten und zivilisatorisch überlegenen Städtekultur im Osten, die im wesentlichen von Rom steuerlich abgeschöpft wurde, und der zivilisatorisch, sozial und politisch weit unterlegenen Peripherie der Stammesverbände im Süden, Westen und Norden des Reiches, wo Rom massiv in den Aufbau städtischer Strukturen und in die militärische Sicherung hatte investieren müssen. So transformierte und konsolidierte sich das oströmische Reich angesichts der neuen historischen Konstellation germanischer Reichsbildungen im Westen, der slawischen Expansion auf dem Balkan und der arabischen Eroberung des Vorderen Orients und Afrikas – Konstantinopel wurde erst mehr als 1000 Jahre nach Rom erobert (1453).

III. Imperiale Herrschaft, Regierung und Verwaltung

Rom hat mit vergleichsweise wenigen Soldaten und zivilen Amtsträgern sein Imperium behauptet. Als das Reich in der frühen Kaiserzeit zu einem die gesamte Mittelmeerwelt umspannenden Herrschaftsverband geworden war, genügten zur militärischen Sicherung und Befriedung etwa 350000, in der Spätantike dann 550000 Soldaten. Sie machten bei einer geschätzten Bevölkerungszahl zwischen 50 und 62 Mio. in der Kaiserzeit nie mehr als ein halbes Prozent der Gesamtbevölkerung aus. Die Anzahl der zivilen römischen Amtsträger war von der Republik bis in die hohe Kaiserzeit hinein zunächst verschwindend gering; sie belief sich im 2. Jh. n. Chr. auf etwa 350 Senatoren und Ritter, wobei sich die Senatoren wie später die Kaiser zusätzlich auf ihre Sklaven und Freigelassenen stützen konnten. Erst seit dem späten 2. Jh. wurde auch die Ziviladministration massiv ausgebaut, so dass am Ende des 4. Jh.s etwa 30 000 Amtsträger in der Zentral- und Provinzialverwaltung tätig waren, ein halbes Promille der Gesamtbevölkerung.

Dies bedeutet, dass sich der imperiale Staat vor der Spätantike auf wenige Herrschaftsaufgaben beschränken musste. Das Regiment der Statthalter betraf die militärische Sicherung der Provinz gegen äußere Feinde, die Aufrechterhaltung der Ruhe im Inneren insbesondere durch die höhere Gerichtsbarkeit sowie die Überwachung des Steuereinzugs und der Verteilung der öffentlichen Lasten. Die Gouverneure waren dabei auf die Kooperation der provinzialen Eliten angewiesen, die einen Großteil der lokalen Herrschaftsaufgaben für Rom übernahmen. Aus den unteren Klassen der Provinzialbevölkerung wurden die Soldaten für die Auxilia rekrutiert, die mindestens die Hälfte der römischen Soldaten stellten. Diese Einbindung der provinzialen Bevölkerung in die zivilen und militärischen Herrschaftsaufgaben entlastete nicht nur die Ressourcen der imperialen Macht; sie bot durch ein abgestuftes System der Partizipation an der herrschenden römischen Gesellschaft zugleich Anreiz und Belohnung für die erwartete Kollaboration.

Nach dem Tod des Augustus wurde im Senat eine «Übersicht über den gesamten Herrschaftsbereich» (*breviarium totius imperii*) verlesen, die der Kaiser hinterlassen hatte: «Die Machtmittel des Staates waren ihr Inhalt: wie viele Bürger und Bundesgenossen unter Waffen standen; wie viele Flotten, Königreiche, Provinzen es gab; die Abgaben und Steuern; schließlich die notwendigen Ausgaben und Schenkungen» (Tacitus, *Annalen* 1,11,4). Augustus hatte systematisch die Herrschaftsmittel aufgelistet, auf denen das Imperium Romanum beruhte – die römischen Legionen und ihre provinzialen Hilfstruppen; das direkt beherrschte Territorium der Provinzen und die Einflusszonen der Vasallenreiche; die Tribute und Steuern – sowie die sich daraus ergebenden fiskalischen Erfordernisse. Eine solche Bestandsaufnahme ist Ausdruck dafür, dass das Imperium nun in seine Konsolidierungsphase getreten war, in der vor allem die Einnahmen und Kosten der Herrschaft kalkuliert wurden.

I. Militärische Sicherung:
Das römische Heer in den Provinzen

Wie jedes landgestützte Imperium beruhte auch das römische auf militärischer Präsenz durch dauerhaft stationierte Truppen einerseits und der Fähigkeit zur schnellen Intervention andererseits. Dabei war ein stehendes Heer den erst im Kriegsfalle zu mobilisierenden Bürgermilizen überlegen, doch stellten dauerhaft verfügbare Truppen größere Anforderungen an ihren Unterhalt. Für die Versorgung und Ergänzung des Heeres mussten die Provinzen in Form von Tributen, Steuern, Zwangsdiensten und Rekruten aufkommen, also die Kosten ihrer Unterwerfung selbst tragen, denn die römischen Bürger in Italien zahlten seit 167 v. Chr. keine Steuern mehr.

Die militärische Präsenz Roms in den Provinzen unterschied sich in der Kaiserzeit deutlich von den republikanischen Verhältnissen: Augustus hatte das erste stehende Bürgerheer der Antike geschaffen, in dessen Legionen und Hilfstruppen die nun professionell ausgebildeten Soldaten 20 bis 28 Jahre Dienst taten. Erst in der Kaiserzeit entstanden daher dauerhafte Legionslager und Auxiliarkastelle, die als Keimzellen römischer Zivilisation wirtschaftlich, sozial und kulturell auf die gesamte Provinz ausstrahlten. Damit einher ging der Wandel des Heeres von einer Besatzungsarmee in republikanischer Zeit zu einer ‹nationalen› Armee in der Kaiserzeit, deren Aufgabe die Befriedung im Inneren (*pax Romana*) und die militärische Sicherung nach Außen (*securitas orbis*) waren. Die römische Armee wurde damit zum wichtigsten Träger der Romanisierung besonders in den westlichen und Randprovinzen des Imperiums, die nicht über eine «hellenisierte», also durch die Tradition der griechischen Stadtstaaten geprägte zivile und politische Kultur verfügten. Als dann in der Spätantike germanische und hunnische Verbände in das Reich drängten, fanden sie gleichfalls Aufnahme im römischen Heer, das die «Barbaren» nicht nur partiell «romanisierte», ihnen also die Werte und Lebensformen der Römer vermittelte, sondern durch diesen Prozess selbst strukturell verändert wurde. Ihre Verbände kämpften unter eigenen Führern und mit eigener Organisation und wurden nicht selten als föderierte Völker separat auf dem Reichsgebiet angesiedelt. Der provinzialrömischen Bevölkerung erschienen sie freilich als Besatzungsarmee.

In republikanischer Zeit war die Anwesenheit des römischen Heeres in den außeritalischen Gebieten überwiegend kriegsbedingt. Nach einem Sieg und der Regelung der Kriegsfolgen zogen die römischen Truppen wieder ab und ließen keine Garnisonen zurück. Nur wo die Region – wie lange Zeit in Spanien und in Norditalien – nicht «befriedet» werden konnte oder der Krieg sich hinzog wie in Gallien, blieb das Heer vor Ort in Winterlagern und wurde immer wieder durch neue Truppen ergänzt. Mit der Verstetigung militärischer Kommandobereiche zu Provinzen wurde die militärische Präsenz auf ein Minimum reduziert, sieht man wiederum von Spanien ab. In *Macedonia* stand nach 148 v. Chr. eine Legion, um die thrakischen Stämme abzuwehren, ebenso später in *Cilicia*, um den Parthern begegnen zu können. Notfalls aber entsandte man bei erneuten Feindseligkeiten ein Heer in die Region oder Provinz, um die Ruhe wieder herzustellen. Dem militärischen Schutz dienten zudem die Veteranenkolonien, die von Caesar und Augustus nun verstärkt auch außerhalb Italiens in den Provinzen angelegt wurden.

Während der großen Expansion im 2. Jh. v. Chr. waren jährlich zwischen 6 und 12 Legionen im Einsatz, in der Bürgerkriegszeit weitaus mehr. In der Schlacht von Philippi etwa, in der Marcus Antonius und Octavian die Caesarmörder Brutus und Cassius besiegten (42 v. Chr.), standen sich 36 Legionen mit ihren Hilfstruppen, insgesamt über 200 000 Soldaten, gegenüber, die alle versorgt und bezahlt werden mussten. Augustus reduzierte die Anzahl der fortan stehenden Legionen von über 60 auf 25, doch stieg sie unter Caracalla wieder auf 33 an. Zu diesen 135 000 bzw. 178 000 Bürgersoldaten, die aus allen Teilen des Reiches rekrutiert wurden (eine Legion hatte eine Sollstärke von etwa 5400 Mann), kam noch einmal mindestens die gleiche Anzahl von Soldaten provinzialer Herkunft hinzu, die kein römisches Bürgerrecht besaßen und in Hilfstruppenverbänden (*auxilia*) von 500 oder 1000 Mann dienten, zum Teil mit landestypischer Bewaffnung.

Mit der Aufteilung der Provinzen in kaiserliche und solche des römischen Volkes hatte Augustus die Absicht verbunden, die Legionen unter seiner Kontrolle zu behalten. Tatsächlich waren fast alle Legionen und die meisten Auxilia in den kaiserlichen Provinzen stationiert, während die zehn Senatsprovinzen als «unbewaffnet» galten. Das Bild einer Truppenkonzentration in festen Legionslagern und Auxiliarkastellen in den kaiserlichen Grenzprovinzen musste freilich in den letzten Jahren erheblich revidiert werden. Zum einen ist durch die Funde der Holztäfelchen im britannischen Kohortenkastell Vindolanda am Hadrianswall sowie durch Papyrus- und Scherbenfunde in Mesopotamien und Nordafrika deutlich geworden, dass von diesen Standorten manchmal bis zur Hälfte der Soldaten mit besonderen Aufgaben an andere Orte in der Provinz abgeordnet waren, nicht selten dauerhaft zur Bemannung von Stationen und Posten an den Straßen und Küsten, in den Bergen und Oasen oder zur Bewachung der Bergwerke und Steinbrüche. Zum anderen ist es keineswegs so, dass die pazifizierten Senatsprovinzen ohne römische Truppen ausgekommen wären. Nicht nur der Statthalter verfügte über zu ihm abkommandierte Kontingente; auch kleinere Abteilungen von Hilfstruppen waren an den großen Straßen, Kreuzungen und anderen neuralgischen Punkten der Provinz postiert und übernahmen Polizeiaufgaben. Dennoch waren die Militärpräsenz und damit die Belastungen höchst unterschiedlich auf die Provinzen verteilt, was nicht nur von der Anzahl der stationierten Einheiten abhing, sondern auch davon, wo die Transitwege der römischen Heeresverbände verliefen.

Seit der Mitte des 3. Jh.s veränderten sich die Organisation des römischen Heeres und dessen Stationierung in den Provinzen. Nicht nur waren inzwischen alle Soldaten römische Bürger geworden. Das Heer spaltete sich im 4. Jh. auch auf in eine Grenzarmee (*limitanei*), deren Einheiten in Kastellen oder Dörfern stationiert waren, und eine mobile Feldarmee (*comitatenses*), die den Kaiser gemeinsam mit seinen Palasttruppen (*palatini*) auf seinen Feldzügen begleitete und im Hinterland in Städten

kaserniert war. Damit ging die Verkleinerung und Vervielfälti-
gung der Einheiten einher, die nun meistens nicht mehr als 500
bis 1000 Mann umfassten. Gleichzeitig verankerten sich die Einheiten stärker als je zuvor im zivilen Umfeld ihrer Garnisons-
orte, wo nicht selten die Soldaten der Grenztruppen zugleich
Landbesitzer und Bauern wurden. Während sich in den östlichen Grenzzonen des Reiches die regulären Einheiten in ihren
Kastellen und befestigten Dörfern den Sāsāniden und ihren Verbündeten gegenüber zu behaupten vermochten, zogen sich die
römischen Verbände im Westen – sofern sie sich nicht aufgelöst
hatten – in die Städte zurück und überließen das umliegende
Land den Privatarmeen der Großgrundbesitzer und *warlords*.

Mit der Etablierung eines stehenden Heeres in der Kaiserzeit,
das man nicht wie Miliz- oder Söldnerverbände entlassen konnte, ergaben sich zwei Probleme, die die Republik nicht in dieser
Schärfe gekannt hatte: Was tut ein stehendes Heer im Frieden,
wenn nicht immer neue Anlässe zum Kriegführen gesucht werden sollen? Und wie lässt sich dauerhaft die Demobilisierung
ausgedienter Soldaten organisieren, wenn man nicht mehr den
Feinden oder inneren Gegnern das Land und die Habe wegneh-
men kann, weil die Expansion und die Bürgerkriege ein Ende
gefunden haben? Auf beide Fragen fanden die römischen Kaiser
eine Antwort. Sie schufen einen privilegierten Stand von Veterа-
nen, für die ein ehrenvoller Platz in der zivilen Gesellschaft reserviert wurde, und sie beschäftigten die aktiven Soldaten in
Friedenszeiten mit Aufgaben, die die ‹Infrastruktur› betrafen,
etwa dem Bau von Straßen, Brücken, Kanälen, Wasserleitungen
und öffentlichen Gebäuden. Die Kaiser entschärften auch von
Anfang an den Unterschied zwischen den römischen Besat-
zungssoldaten und den peregrinen Reichsbewohnern dadurch,
dass sie diese – wie früher die italischen Bundesgenossen – in
das römische Heer und die Verwaltung aufnahmen. Daran erinnerte 70 n. Chr. ein römischer Kommandeur in Gallien die aufständischen Treverer: «Es kann nämlich Ruhe unter den Völkern nicht bestehen ohne Waffengewalt (*arma*), Waffengewalt
nicht ohne Soldzahlung (*stipendia*), Soldzahlung nicht ohne
Tribute (*tributa*). Alles Übrige haben wir gemeinsam. Ihr selbst

befehligt gar nicht selten unsere Legionen, ihr selbst verwaltet hier und anderswo Provinzen.» (Tacitus, *Historien* 4,74,1).

Anders als in der Republik, als die Gemeinden der Latiner und der italischen Bundesgenossen nach einem festgelegten Schlüssel Mannschaften stellen mussten, die als homogene Einheiten unter eigenen Offizieren kämpfen konnten, wurden die Auxilia in der Kaiserzeit nicht aus allen Provinzen gleichermaßen rekrutiert. Zwangsweise Aushebungen, die in der Bürgerkriegszeit verbreitet waren, wurden in der Regel nur dann vorgenommen, wenn sich nicht genügend Freiwillige meldeten oder wenn schnell neue Truppen ausgehoben werden mussten. Zum Mittel der Zwangsrekrutierung griff Rom allerdings auch, um neu unterworfene Völker oder solche, bei denen Aufstandsbestrebungen vermutet wurden, ihrer waffenfähigen Mannschaften zu berauben. Wie die Bataver in Britannien oder die Thraker in Ägypten, wurden sie fern der Heimat eingesetzt. In der Spätantike wurde die Rekrutierung von Soldaten auf der Grundlage von Steuerlisten auf die Städte umgelegt, deren Stadträte für die Aushebung zuständig waren. Doch konnte man sich inzwischen durch Geldzahlungen freistellen lassen, was natürlich die Tendenz zur Anwerbung reichsfremder Germanenverbände verstärkte. Andererseits mussten die Söhne von Veteranen gleichfalls in die Armee eintreten, womit der Soldatenstand erblich wurde. Wie sich aus ägyptischen Papyri erkennen lässt, scheint der Dienst in den stationären Grenztruppen beliebter gewesen zu sein, da die Rekruten oft vor Ort eingezogen wurden, wo ihre Familien Landbesitz hatten. Weniger harmonisch gestaltete sich diese Verbindung für die in den Städten des Hinterlandes stationierten Soldaten der mobilen Feldarmee, weil die Besitzer von Privathäusern ein Drittel ihres Hauses den Soldaten zur Verfügung stellen mussten. Wie die reichsfremden germanischen Truppenverbände, die bei der römischen Provinzialbevölkerung einquartiert wurden, entwickelte sich auch das reguläre Bewegungsheer, in dem ebenfalls Germanenverbände dienten, im späten 4. und 5. Jh. tendenziell wieder zu einer Besatzungsarmee.

2. Erschließung der provinzialen Peripherie: Straßen, Stützpunkte und Grenzen

Die Provinzialisierung eroberter Gebiete, die durch unterschiedliche kulturelle, politische und wirtschaftliche, aber auch naturräumliche Gegebenheiten geprägt sind, stellt einen imperialen Staat vor die Aufgabe, diese Räume herrschaftlich zu erfassen. Die wichtigste Maßnahme herrschaftsbezogener Raumdurchdringung war für Rom der Bau von «Staatsstraßen» (*viae publicae*), die im Zuge der Expansion die Metropole Rom nach und nach mit allen Regionen Italiens und seiner provinzialen Peripherie verband. Zunächst mit Kies und Schotter auf aufwendigem Fundament befestigt, wurden die meisten Straßen im Laufe der Kaiserzeit mit Steinen gepflastert. Zum Straßenbau gehörten auch das Schlagen von Schneisen im Gebirge, das Befestigen von Abhängen und die Errichtung von Brücken, wobei häufig Offiziere und Soldaten als Ingenieure und Arbeiter im Straßenbau eingesetzt wurden. Bis zum 3. Jh. n. Chr. legte Rom ein dichtes Netz von Reichsstraßen über Italien und alle Provinzen, das schließlich eine Länge von etwa 80 000 km erreichte. Für die Straßen in Italien kam die staatliche Kasse auf; seit Augustus sorgten Magistrate aus dem Senatorenstand für die Pflege und den Ausbau des Straßennetzes. In den Provinzen dagegen mussten die Gemeinden den Bau und die Instandhaltung der Staatsstraßen bezahlen, soweit sie durch ihr Gebiet verliefen.

Die aufwendigen Straßenbaumaßnahmen sollten den Durchzug und die Versorgung des Heeres sowie die Nachrichtenübermittlung gewährleisten, während wirtschaftliche Vorteile wie die Erleichterung des Warenverkehrs bei der Planung keine Rolle spielten, obwohl sie sich später ergaben. Die Reichsstraßen gingen von Rom sternförmig mit zahlreichen Verzweigungen aus, so dass tatsächlich alle Wege nach Rom führten. In republikanischer Zeit wurde zunächst die italische Halbinsel erschlossen wie mit der ersten Straße, der *via Appia* (312 v. Chr.), die von Rom nach Brindisi führte. Doch bald schon führten die Straßen über Italien hinaus, etwa die *via Domitia* über Südgal-

lien nach Spanien oder die *via Egnatia* als Verlängerung der *via
Appia* nach der Meerespassage von Brindisi über den Balkan,
Makedonien und Thrakien nach Byzanz. Seit der Zeit des Augustus ist der Straßenbau eine der ersten Maßnahmen, die nach
der Einrichtung einer Provinz planvoll ins Werk gesetzt wurden.
Als Trajan 106 n. Chr. das Nabatäerreich zur Provinz umwandelte, verkündeten Meilensteine an der bald erbauten *via nova
Traiana* (113), dass der Kaiser «nach der Einrichtung der Provinz *Arabia* (*redacta in formam provinciae*) eine neue Straße
von der syrischen Grenze zum Roten Meer hat trassieren und
pflastern lassen durch seinen Statthalter Claudius Severus» (*In-
scriptiones Latinae Selectae* 5834).

Die Bedeutung der römischen Straßen erschöpfte sich nicht in
ihrer militärischen Zweckmäßigkeit. Sie prägten auch das Gesicht der Landschaft. Zwar konnte Rom in manchen Gebieten
auf einem guten Wegesystem aufbauen, etwa im ehemals karthagischen Nordafrika oder persisch-hellenistischen Kleinasien,
doch wurden in anderen Gegenden wie Gallien, Britannien oder
Germanien neue – oft schnurgerade – Verbindungswege geschaffen. Gerade in solchen Regionen veränderte sich dadurch
die Siedlungsstruktur, denn die Straßen und ihre Kreuzungen
bildeten Anziehungspunkte, an denen neue Siedlungen entstanden. Auch die Handelswege veränderten sich im Gefolge neuer
Transport- und Kommunikationslinien, etwa in Gallien oder
Britannien, wo viele Gewerbetreibende und Händler für das römische Heer tätig waren. Unbeabsichtigt ergaben sich damit
auch wirtschaftliche Vorteile für die Provinzialbevölkerung.

Der römische Straßen- und Brückenbau war in mehrfacher
Hinsicht ein Monument imperialer Herrschaft. Das Straßensystem selbst zeugte – nicht nur aus römischer Sicht – vom Triumph einer technisch überlegenen Zivilisation über die Natur,
von Organisationskraft und Herrschaftswillen, der nicht zuletzt
auch der Provinzialbevölkerung zugute kam. Nach der Etablierung der Provinz *Lycia* 43 n. Chr. ließ die Stadt Patara im Hafen
auf dem Sockel einer Reiterstatue des Kaisers Claudius das Stra-
ßennetz der Provinz als Itinerar aufzeichnen. Jeder, der hier die
Stadt betrat, hatte eine Repräsentation der Provinz als System

von *viae publicae* vor Augen, das man dem Kaiser und seinem Statthalter verdankte. Auch wurden an den Straßen als öffentliche Orte zahlreiche Monumente errichtet. Nicht nur private Grabmale flankierten an den Stadträndern die Reichsstraßen; vor allem für die Kaiser wurden hier Ehren- oder Triumphbögen errichtet. So erinnerte der Trajansbogen in Benevent an den Bau der *via Traiana* von Benevent nach Brindisi, andere Bogenmonumente an einen Sieg oder einen Besuch des Kaisers, wobei die Reliefs, mit denen diese Bauten geschmückt waren, die kaiserlichen Leistungen und Erfolge feierten.

Seit Mitte des 3. Jh.s v. Chr. säumten zunehmend Meilensteine die Straßen, auf denen nicht nur die Entfernung von einem bekannten Hauptort aus angegeben war. In Bau- oder Ehreninschriften wurde in republikanischer Zeit der Magistrate, später der Kaiser gedacht, die die Straßen und Brücken hatten errichten oder instandsetzen lassen. Die Meilensteine taten reichsweit kund, wie sehr sich Rom oder der Kaiser um die Straßen und Brücken gekümmert hatte und wie grenzenlos das römische Imperium geworden war. Ein Meilenstein des Augustus an der *via Augusta* verkündete, dass die Straße «von der Grenze der Provinz *Baetica* bis zum Ozean» führte (*ILS* 102). Augustus hatte auch den Ausgangspunkt des ganzen Straßennetzes auf dem Forum Romanum mit einem goldenen Meilenstein markiert, womit Rom als Mittelpunkt der durch die Straßen erschlossenen Welt erschien. Seit Beginn des 3. Jh.s n. Chr. verknüpfte man die kaiserliche ‹Weltherrschaft› mit der Sorge um das Straßensystem: Kaiser Caracalla wurde auf einem Meilenstein als «Befrieder des Erdkreises» (*pacator orbis terrarum*) geehrt, der «die Straßen und Brücken, die aufgrund ihres Alters zerstört waren, wieder hergestellt hat» (*Corpus Inscriptionum Latinarum* 17,2,666). Der Zustand des Imperiums und der Herrschaftsanspruch des Kaisers ließen sich am Zustand der Reichsstraßen erkennen; diese waren zum Symbol der imperialen Herrschaft geworden.

Neben dem Transport von Menschen und Gütern bildete die Nachrichtenübermittlung eine weitere Säule der imperialen Erschließung des provinzialen Raumes. Während in republikanischer Zeit der Botendienst weitgehend dem privaten Personal von Magistraten und Feldherren überlassen blieb, institutionalisierte Augustus ein staatliches Kurier- und Transportsystem, das im wesentlichen bis zum Ende des Römischen Reiches Bestand hatte. Vom modernen Postwesen unterschied sich die zunächst *vehiculatio*, seit der Spätantike *cursus publicus* genannte Institution dadurch, dass nur militärische und zivile Funktionsträger sich ihrer bedienen durften, während es für die private Kommunikation keine öffentlichen Einrichtungen gab. Da die durchschnittliche Reisegeschwindigkeit zu Fuß und im von Maultieren, Eseln oder Pferden gezogenen Wagen 30 km täglich betrug, mit beladenen Ochsenkarren nur 12 km, erhöhte die Einrichtung von Wechselstationen für Zugtiere und Pferde und Herbergen deutlich die Reisegeschwindigkeit. Im Wagen ließ sie sich verdreifachen (90–100 km), während Reiterstafetten bei regelmäßigem Pferdewechsel mehr als 200 km Distanz am Tag bewältigen konnten.

Die Bereitstellung der dazu nötigen Wagen und Zugtiere sowie die Beherbergung der Reisenden wurden in Italien durch spezielle Amtsträger organisiert und aus der staatlichen Kasse bezahlt. In den Provinzen aber mussten die Straßenanrainer dafür aufkommen. Dies war ein konfliktträchtiges Terrain bereits in republikanischer Zeit, als zahlreiche Klagen über willkürliche Requirierungen und Einquartierungen die römische Expansion begleiteten. Im Auftrag des Kaisers legten daher die Statthalter fest, was die Städte und Gemeinden zu leisten hatten, wer berechtigt war, diese Dienste in Anspruch zu nehmen und wie diese zu vergelten waren. Das Edikt eines Statthalters von *Galatia* aus dem Jahr 15 n.Chr. verfügte, dass die Gemeinden zwar Zugtiere und Wagen vorhalten mussten, deren Benutzung aber nach einem festgelegten Tarif zu bezahlen war. Auf Kosten der Provinzialen hatte die Beherbergung zu erfolgen. Berechtigt, diese Dienste – nach Rang gestaffelt – in Anspruch zu nehmen, waren auf Grund ihrer Funktion, ihrer sozialen Position oder durch einen kaiserlichen Erlaubnisschein (*diploma*) Soldaten und Offiziere, Senatoren und Ritter in kaiserlichem Dienst, Statthalter und Prokuratoren sowie Familienangehörige hoher

Funktionäre. In der Spätantike erweiterte sich schon wegen der Anzahl der Funktionsträger dieser Kreis beträchtlich; auch Bischöfe konnten nun den *cursus publicus* benutzen, um zu ihren Synoden zu reisen. Zahlreiche Bittschriften betroffener Gemeinden zeigen jedoch, dass dieses System für Missbrauch höchst anfällig war. Unberechtigte forderten, zum Teil gewaltsam, diese Leistungen ein oder bezahlten sie nicht. Den römischen Machthabern war daran gelegen, solchen Missbrauch, der Unruhe in der Provinz stiftete, abzustellen, wovon die ebenso zahlreichen Edikte der Statthalter zeugen. Doch haben sie das Problem zu keiner Zeit wirklich in den Griff bekommen.

So bildeten die römischen Reichsstraßen ein Netz, mit dem die Provinzen in mehrfacher Hinsicht herrschaftlich erschlossen wurden. Dies zeigte sich an den unterschiedlichen Posten, die die Straßen säumten. Neben den Wechselstationen und Herbergen des *cursus publicus* wurden in Italien seit Augustus und in den Provinzen seit dem 2. Jh. auch Militärposten (*stationes*) an den Straßen errichtet, in denen von ihren Einheiten abgeordnete Soldaten Dienst taten, häufig Soldaten aus dem Stab des Statthalters (*beneficiarii*). Sie waren die einzigen Vertreter der römischen Ordnungsmacht in der Gegend, so dass sich die Bevölkerung auch in Rechtsstreitigkeiten an sie wandte. Hauptsächlich aber sollten sie die Straßen kontrollieren und die Briganten überwachen sowie den Statthalter mit Informationen aus den Gebieten versorgen, die nicht unter der direkten Kontrolle der städtischen Amtsträger standen. Schließlich etablierten sich an vielen Straßen auch die Zollposten, die von den privaten Zollpächtern oder der kaiserlichen Steuerverwaltung mit Freigelassenen oder Sklaven bemannt wurden. Der Transport ziviler und militärischer Amtsträger, die Kontrolle der öffentlichen Ordnung, die Übermittlung von Informationen und der Einzug von Zöllen und Steuern, mithin ein Großteil der imperialen Herrschaftsorganisation, beruhte – abgesehen von den Städten – vor allem auf den Reichsstraßen.

Außer dem Bau von Straßen gehörte die militärisch und politisch motivierte Errichtung von Stützpunkten seit jeher zur römischen Praxis der Sicherung unterworfener Gebiete. Diese

Funktion erfüllten die Kolonien römischer Bürger und die latinischen Kolonien, die seit der frühen Republik mit militärischem Ritus auf konfisziertem Land gegründet wurden, wobei man mancherorts die unterworfene Bevölkerung integrierte, andernorts umsiedelte. Bürgerkolonien waren römisches Staatsland derselben Güte wie das stadtrömische Gebiet, also steuerfrei, wobei es keine Rolle spielte, ob diese Kolonien in Italien lagen wie Tarent und Aquileia oder in den Provinzen wie Corinth in *Achaia* oder Aelia Capitolina in *Syria Palaestina*. Waren diese zunächst Siedlerkolonien mit militärischer Funktion, später auch zur Versorgung landloser Bauern, so kam es seit Caesar zur Gründung von Veteranenkolonien, in denen die demobilisierten Legionen kollektiv angesiedelt wurden. Als Städte mit römischem Bürgerrecht, römischen Institutionen und lateinischer Sprache waren die Kolonien zugleich auch Vorposten der römischen Zivilisation.

Die befestigten Lager der Legionen (*castra*) und Auxiliarverbände (*castella*) in den Provinzen besaßen gleichfalls extraterritorialen Status. Sie wurden seit dem Ende des 1. Jh.s n. Chr. nicht mehr aus Holz, sondern in Stein gebaut. In den westlichen Provinzen scheinen die Lager prinzipiell außerhalb städtischer Siedlungen in strategisch günstiger Lage angelegt worden zu sein. Die Legionslager, die mit über 5000 Bewohnern mittleren Städten im Reich gleichkamen, behielten auch baulich ihren militärischen Charakter bei. Sie entwickelten sich nie zu Städten griechischen oder römischen Typs mit deren öffentlichen Bauten und politischen Institutionen. Dafür umgaben bald zivile dörfliche Siedlungen (*canabae* und *vici*) die nun dauerhaft errichteten Lager – manche von ihnen erhielten später das Stadtrecht. In den östlichen Provinzen dagegen legten die Kaiser Legionen und Auxiliarverbände häufiger in Städte im Landesinneren wie nach Alexandria in *Aegyptus*, Bostra in *Arabia* oder Jerusalem in *Iudaea*, um diese besser kontrollieren zu können; städtische Kohorten standen im Westen auch in Karthago, Lugdunum (Lyon) und Rom.

Die Stationierung der Legionen und Auxilia wies in der Kaiserzeit deutliche Unterschiede zwischen den Provinzen auf. Vor der Spätantike beherbergten die meisten Provinzen im Inneren des Reiches keine Legionen, doch standen in ihnen zum Teil erhebliche Auxiliarkontingente. Auch innerhalb der Provinzen wurde die Stationierung unterschiedlich gehandhabt. Es gab Provinzen wie *Hispania Tarraconensis*, *Britannia* oder *Iudaea*, in denen die Legionen im Landesinneren stationiert waren, weil Unruhen eher in der Provinz selbst als von äußeren Feinden zu befürchten waren; dafür schützten dann Auxiliartruppen die Grenzzonen wie am Hadrianswall in *Britannia*. In den Provinzen entlang des Rheins, der Donau und des Euphrats waren die Legionen im Laufe des 1. Jh.s n. Chr. in die Grenzzonen vorgeschoben worden. Wo dagegen natürliche Barrieren fehlten wie in *Dacia*, das einen großen ‹Brückenkopf› jenseits der Donau bildete, oder in *Arabia*, *Africa* und *Mauretania*, wo der Übergang zu Wüstenzonen mit nomadischer Lebensweise fließend war, wurden die Legionen und zum Teil auch die Auxiliarverbände einerseits im Hinterland stationiert, andererseits durch vorgeschobene Posten ergänzt. Nach den Reformen Diokletians und Konstantins nahm die Anzahl und Präsenz römischer Truppen in allen Provinzen zu, wobei die Verkleinerung der Einheiten zu einer Vervielfachung der Stationierungsorte führte.

Was heute als selbstverständlich erscheint, dass das Staatsgebiet ein klar abgegrenztes, homogenes Territorium ist, traf weder für das Imperium Romanum als ganzes noch für seine Provinzen zu. Denn das Römische Reich, das sich gegen Ende der Republik als räumlich zusammenhängender Herrschaftsverband etabliert hatte, war ein historisch gewachsenes Konglomerat unterschiedlicher Rechtsbeziehungen zu einzelnen Fürsten, Städten und Völkern. Schon seit der Einrichtung der ersten Provinz in Sizilien (227 v. Chr.) verfügten einzelne Gemeinden und Personengruppen der Provinzialbevölkerung über unterschiedliche Rechtsstellungen gegenüber dem Statthalter. In der späten Republik wie in der Kaiserzeit lassen sich nun zwei, zum Teil gegenläufige Tendenzen römischer Herrschaftspraxis erkennen. Auf der einen Seite bemühten sich die römischen Machthaber, diese unterschiedlichen Rechtsstellungen im Rahmen einer Provinzialorganisation zu homogenisieren. Auf der anderen Seite aber bildeten gerade die Privilegierung und Diskriminierung von Gemeinden, Personengruppen und Einzelpersonen ein effektives Herrschaftsmittel, das jedoch den provinzialen Herrschaftsraum wieder heterogener machte.

Seit der Integration Italiens im 1. Jh. v. Chr. gliederte sich das Reichsgebiet für 300 Jahre in römische Bürgergebiete (auch außerhalb Italiens) und Provinzialland. Mit der Provinzialisierung des Kernlandes Italien durch Diokletian bestand der Herrschaftsraum nur noch aus Provinzen; allein die beiden Metropolen Rom und Konstantinopel waren davon ausgenommen. Diese Homogenisierung des Reichsgebietes beendete einen Prozess, der mit der reichsweiten Verleihung des römischen Bürgerrechts begonnen hatte, nämlich die Aufhebung des Unterschiedes zwischen dem römisch-italischen Herrschervolk und der unterworfenen Provinzialbevölkerung bzw. zwischen imperialer Metropole und provinzialer Peripherie. Für die Kaiser in Rom und seit 330 in Konstantinopel waren nun alle gleichermaßen Untertanen, und wenn sie sich in Edikten oder Reskripten an sie wandten, sprachen sie die Römer mit *provinciales* an.

Die Provinzialisierung eines Gebietes bedeutete seit der späten Republik einen rechtsförmigen Akt der Raumerfassung, dessen Formel «in den Status einer Provinz überführt» (*in provinciarum formam redacta*) lautete. Damit war eine Grenzziehung verbunden, die den Zuständigkeitsbereich des Statthalters definierte, sowie ein topographisch geordnetes Register aller provinzialen Städte und Völker, ihrer Rechtsstellungen und ihrer Abgaben- und Leistungsverpflichtungen (*forma provinciae*). In diesem Register fehlten nur die freien und autonomen Städte. Auch die Reichsstraßen waren in einem Register aufgelistet, in dem die Wegstrecke verzeichnet war, an der jede Stadt oder Gemeinde Transport- und Versorgungsdienste für die römischen Amtsträger zu leisten hatte.

In Bezug auf das Territorium unterschied Rom generell zwischen privatem römischem Bodeneigentum (*ex iure Quiritium*) und öffentlichem Land (*ager publicus*). Dies galt für Rom und Italien. In den Provinzen waren die Bodenverhältnisse komplexer. Provinzialisierung bedeutete aus römischer Sicht zunächst einmal die Übernahme eines eroberten Gebietes in die eigene Verfügungsgewalt. Mit Hilfe des römischen Rechts, das zwischen Eigentum (*dominium*) und faktischem Besitz (*possessio*) unterschied, konnte die Annexion eines Gebietes als Übertragung in römisches Eigentum begriffen werden, auch wenn das Land weiterhin im Besitz der Provinzialbevölkerung verblieb (*ager peregrinus*); es wurde nun allerdings steuerpflichtig. Auf diese Weise ließen sich Steuern ebenso legitimieren wie die Konfiskation von Land. Land konfiszierte Rom bei der Übernahme eines Gebietes, indem es den königlichen Besitz einzog, etwa die Ländereien von Hieron II. von Syrakus oder Attalos III. von Pergamon, und indem es Kolonien und Militärlager anlegte oder sich bestimmte Ressourcen wie Bergwerke und Steinbrüche sicherte.

So konnten römische Juristen der Kaiserzeit sagen, dass sich alles «Provinzialland im Eigentum des römischen Volkes oder des Kaisers» befand (Gaius, *Institutionen* 2,7). Provinzialland war also teilweise von Rom konfisziertes Land, das als *ager publicus* verpachtet oder verkauft wurde, teilweise Privatbesitz des Kaisers (*patrimonium*), der ebenfalls verpachtet wurde, teilweise steuerpflichtiges Land im Besitz der Provinzialen (*ager peregrinus*), teilweise Militärland und Kolonialgebiet, teilweise das Gebiet freier und autonomer Städte oder Stammesgebiet. Zudem hatten schon seit dem 2. Jh. v. Chr. römische und italische Senatoren sowie im Großhandel und Pachtgewerbe tätige Ritter und einfache Bürger (*negotiatores*) Land in den Provinzen gekauft und sich zum Teil dort auch niedergelassen. Anders als in Italien mussten sie für ihren provinzialen Privatbesitz Steuern bezahlen.

Trotz dieser unterschiedlichen Rechtsbeziehungen, die Rom zu den verschiedenen Gemeinden und Personengruppen seines Reiches unterhielt, bemühten sich die Imperatoren der späten Republik wie die römischen Kaiser darum, den Herrschaftsraum der Provinz hierarchisch zu gliedern. Die wichtigste Maßnahme war die Schaffung städtischer Selbstverwaltungseinheiten (*civitates*), in denen die lokalen Führungsschichten konzentriert wurden, mit denen Rom kooperieren wollte. Wo bereits eine politisch strukturierte Städtelandschaft bestand, wie in vielen Provinzen des Ostens oder den phönizischen Gebieten in der Levante und Nordafrika, war dies kein Problem. In der griechischen Polis dominierte die in der Stadt ansässige Aristokratie das Territorium mit seinen Dörfern. Die Poleis einer Provinz organisierte Rom seit der späten Republik hierarchisch: An der Spitze stand der Statthaltersitz der Provinz (*caput provinciae*), etwa Ephesos in *Asia* oder Antiochia in *Syria*. Darunter gab es eine Gruppe von Städten, die der Statthalter regelmäßig aufsuchte, um Gerichtstage (*conventus*) zu halten. In die Hauptorte dieser Gerichtsbezirke (Diözesen) musste sich begeben, wer vor das Statthaltergericht gerufen wurde. Unter den Konventstädten rangierten dann die übrigen Poleis. Diese Struktur diente als Relais für die Kommunikation zwischen Rom, dem Statthalter und den Provinzialen. Edikte und Reskripte wurden vom Statthaltersitz über die Konventorte an die übrigen Städte weitergeleitet, die dann die dörflichen Gemeinden ihres Territoriums informierten. Neben der statthalterlichen Rechtsprechung und der politischen Kommunikation basierten auch die Steuererhebung und die Rekrutierung auf diesem hierarchischen System der Städte und Gemeinden.

Wo es bislang keine Städtelandschaft gab, wurde diese von Rom geschaffen. Als Pompeius König Mithradates VI. von Pontos besiegt hatte und zur provinzialen Neuordnung der kleinasiatischen und nahöstlichen Gebiete schritt (63 v. Chr.), gestaltete er in *Pontus et Bithynia* bestehende Siedlungen zu griechischen Poleis mit den entsprechenden politischen Institutionen um. Dafür erließ Pompeius ein Statut, das die politischen Institutionen der Städte provinzweit regulierte (*lex provinciae*). Auch Augustus organisierte die Siedlungsgebiete der gallischen Stämme als Territorien, die einen politischen Vorort erhielten (*civitas*). Dabei knüpfte er absichtlich nicht an bereits bestehende gallische Siedlungen an, sondern gründete neue Städte. In ihnen wurde die bisher landsässige Aristokratie zur Wahrnehmung politischer Aufgaben konzentriert. Sie entwickelte bald einen römischen Lebensstil und entsprechende Formen städtischer Repräsentation. Die römische Urbanisierung vieler neuer Provinzen war also zunächst eine administrative Maßnahme, die allerdings auch eine kulturelle Dimension besaß: Den neuen städtischen Eliten wurde ein Modell für die Gestaltung eines urbanen Lebensraumes gegeben, das sie aufgreifen konnten – nur die politischen Institutionen wurden oktroyiert.

Da die statthalterliche Gerichtsbarkeit, die Steuer- und Zollerhebung sowie die Verpflichtung zu kommunalen Zwangsdiensten auf den Städten lastete, kam den Grenzziehungen innerhalb einer Provinz eine weitaus größere Bedeutung zu, als den Außengrenzen der Provinzen. Grenzstreitigkeiten zwischen Gemeinden gab es seit jeher in der griechischen und italischen Welt; sie erhielten nun unter den Bedingungen der römischen Provinzialorganisation ein größeres Gewicht. Die Außengrenzen des Römischen Reichs waren entgegen einem verbreiteten Missverständnis keine Demarkationslinien, und Grenzbefestigungen wie der Hadrianswall in Britannien oder der «Limes» an Rhein und Donau waren für römisches Verständnis auch keine *limites*. Die Grenzbefestigungen selbst, wenn sie außer Kastellen und Wachtürmen, die mit einer Straße untereinander verbunden waren, noch mit einer Palisade, einem Erdwall oder einer Mauer versehen wurden, hießen schlicht Wall (*vallum*). Als *limes* dagegen bezeichneten die Römer zunächst Einfallstraßen, die Schneisen in das feindliche Land schlugen, in der hohen Kaiserzeit dann eine Landgrenze im Gegensatz zu den drei großen Flussgrenzen (*ripa*) an Rhein, Donau und Euphrat. Seit dem späten 3. Jh. schließlich bedeutete *limes* eine Grenzregion, die von den Truppen eines *praepositus* bzw. *dux limitis* kontrolliert wurde. Die Limeszone erstreckte sich sowohl hinter wie vor den Befestigungsanlagen, sofern es welche gab.

Dieser Limesbegriff zeigt, wie die Römer die Grenzen ihres Imperiums (*fines imperii*) wahrgenommen haben. Grenzen wurden nicht politisch oder militärisch definiert, sondern nur vorläufig unter einem administrativen Gesichtspunkt gezogen: Es musste festgehalten werden, wo provinzialer Boden begann und damit die Steuerpflicht der Reichsbewohner. Militärisch wie politisch betrachtet waren die Grenzzonen dagegen in erster Linie Kontakt-, Kontroll- und Einflusszonen.

3. Erfassung der Personen und Güter:
Zensus und Abgaben

Die Erfassung des provinzialen Raumes diente nicht nur der militärischen Sicherung und Kontrolle des Gebietes. Sie war auch die Voraussetzung für jede effektive Abgabenerhebung. Schon seit den Punischen Kriegen ließen sich Roms Kriegskosten nur noch durch Beute, Entschädigungszahlungen und Tribute finanzieren. Mit der Expansion stiegen aber nicht nur die Einnahmen, sondern auch die Kosten für das Heer, die in der Bürgerkriegszeit explodierten. Hinzu kam als Preis für die innere Befriedung seit 123 v. Chr. die Versorgung der hauptstädtischen Bevölkerung zunächst mit verbilligtem, seit 58 v. Chr. dann mit kostenlosem Getreide. Unter der Monarchie erhöhten sich die Kosten: Neben dem mit Abstand größten Posten, dem Heer, das zwei Drittel der Einnahmen verschlang, und der kostenlosen Getreideversorgung für 200 000 hauptstädtische Bürger mussten nun auch die allmählich wachsende Ziviladministration, die höfische Repräsentation, die Tempel, öffentlichen Bauten und Spiele in der Metropole sowie die zeremoniellen Geldgeschenke des Kaisers an die Soldaten (*donativa*) und die Bürger (*congiaria*) und alle anderen Akte kaiserlicher Großzügigkeit finanziert werden. Augustus war also gezwungen gewesen, zur Konsolidierung des Imperiums Einnahmen und Ausgaben zu erfassen und die Abgabenerhebung reichsweit zu organisieren.

Die Verpflichtung zur Tribut- oder Steuerzahlung bedeutete für die betroffenen Gemeinwesen den Verlust von «Freiheit» und «Autonomie». Nach Cicero waren Tribute «der Preis des Sieges und die Strafe für den Krieg» und Provinzen «die Beute des römischen Volkes» (*Verres* 2,3,12; 2,2,7). Da Rom, wie andere Imperien auch, seinem Selbstverständnis nach nur einen «gerechten Krieg» (*bellum iustum*) führte, was bei jeder Kriegserklärung rituell festgestellt wurde, wurden Tribute und Steuern als rechtmäßige Entschädigung für erlittenes Unrecht ausgegeben.

Rom traf bei seinen Eroberungen vielerorts auf funktionierende Abgabensysteme, die es übernahm und modifizierte, so in

Sizilien, Makedonien oder Ägypten. In der Kaiserzeit ging man dazu über, in den Regionen, die keine städtische Abgabenerhebung kannten, am Beispiel des römischen Zensus den Grundbesitz, die bewegliche Habe und die einzelnen Personen zu erfassen und zu besteuern. Dies stieß vor allem bei den «barbarischen» Stämmen auf Widerstand, aber auch in *Iudaea*, wo 6 n. Chr. der im Lukasevangelium erwähnte Zensus abgehalten wurde. Die Kopfsteuer galt nämlich in der ganzen Antike als ein «Zeichen der Knechtschaft» (Tertullian, *Apologeticum* 13,6).

Die römische Abgabenerhebung beruhte auf mehreren Säulen, wurde aber von Provinz zu Provinz unterschiedlich gehandhabt. In republikanischer Zeit verlangte Rom nach Siegen zunächst Kriegskostenentschädigungen und pauschale Tribute. Karthago etwa musste nach dem 2. Punischen Krieg seine Kriegsentschädigung auf 50 Jahre gestreckt bezahlen und durfte sie auch nicht vorher ablösen. Spätestens bei der Etablierung von Provinzen wurde die Abgabenerhebung dann als Steuer regularisiert. Regelmäßige Steuern waren auf provinzialen Grundbesitz vom Eigentümer oder Pächter zu entrichten (*tributum, stipendium, vectigal*). In manchen Provinzen wie *Sicilia, Sardinia* oder *Asia* wurde ein Anteil von 10 %, in *Pannonia* bis zu 20 % erhoben, in den spanischen Provinzen, *Africa* oder den griechischen Städten dagegen eine festgesetzte Summe, die auf der Grundstücksgröße basierte. Für Pächter des Agrarlandes war die Belastung größer, da sie zur Bodensteuer (*tributum solis*) noch die Pacht an die Gemeinde, den lokalen Großgrundbesitzer oder den römischen Staat abführen mussten. In einigen Provinzen wie *Africa, Asia, Cappadocia* und *Aegyptus* besaß der Kaiser umfangreiche Ländereien, Bergwerke und Steinbrüche, die verpachtet wurden. Selbst Wälder und Weideland wurden besteuert und verpachtet.

Eine regelmäßige Steuer war auch die Kopfsteuer (*tributum capitis*), die aber in republikanischer Zeit anscheinend nur in *Africa*, in der Kaiserzeit in weiteren Provinzen wie *Aegyptus, Syria* oder *Iudaea* erhoben wurde, bevor sie Diokletian in der Spätantike reichsweit einführte. Sie wurde in den Provinzen unterschiedlich nach Alter, Geschlecht und vor allem Personenstand erhoben, zum Teil auch für bestimmte soziale Gruppen wie in Ägypten für die Handwerker oder die Juden. Regelmäßig, aber nur fallweise fielen die Zölle und einige spezielle Steuern an. Zoll (*portorium*) wurde an den Provinz- und Reichsgrenzen erhoben, aber auch innerhalb einer Provinz an Stadt- oder Bezirksgrenzen sowie an Flüssen, in Häfen und Oasen. Die Karawanen aus Indien und Arabien mussten in Ägypten 25 % Zoll abführen, während sich die städtischen und provinzialen Zollstationen mit 2,5 % begnügten.

Fallweise wurden auch einige reguläre Steuern erhoben. Seit 357 v. Chr. gab es eine Freilassungssteuer (5 %), die bis zur Spätantike in Kraft blieb. Augustus schuf weitere Steuern wie eine Erbschaftssteuer für römische Bürger (5 %), eine Sklavenverkaufssteuer (4 %) und eine Versteigerungssteuer (1 %), die von Caracalla verdoppelt wurden. Im Laufe der Kaiserzeit kamen weitere reichsweite oder provinzspezifische Steuern wie eine Steuer auf Nägel in der Provinz *Asia* hinzu, selten aber wurde eine einmal eingeführte Steuer wieder abgeschafft. Wie wichtig Rom die Kontrolle der Steuer- und Zollerhebung nahm, wird auch daran deutlich, dass nicht einmal die Städte neue kommunale Steuern einführen durften, ohne vorher den Statthalter gefragt zu haben.

Nach dem Vorbild der griechischen Städte forderte Rom von seinen Untertanen auch Sach- und Dienstleistungen ein (Liturgien bzw. *munera*). So, wie die städtischen Eliten die Ämter (*honores*) ohne Gehalt auf eigene Kosten bekleideten und die damit verbundenen Aufgaben wie die Finanzierung von öffentlichen Gebäuden und städtischen Festen, Gesandtschaftsreisen oder die Beherbergung und Versorgung fremder Machthaber und ihres Gefolges zum Teil aus ihrem Vermögen bestritten – während die unteren Klassen beim Straßen- oder Mauerbau körperliche Arbeit leisteten –, so erwartete Rom auch von den Gemeinden derartige Dienstleistungen zur Unterstützung seiner Herrschaftsorganisation. Solche *munera* waren der Bau und die Instandhaltung der Reichsstraßen, die Bereitstellung von Wagen und Zugtieren für den Transport (*vehiculatio*), die Lieferung von Getreide (*annona*) an die Straßenstationen und die Gewährung von Unterkunft für Soldaten und Amtsträger (*hospitium*) in Dörfern und Städten. Doch nicht nur reisende Amtsträger und Soldaten mussten auf diese Weise zum Teil unentgeltlich versorgt werden; neben den Metropolen Rom und Konstantinopel waren auch die Standorte der Legionen und Hilfstruppen vor allem mit Getreide zu von Rom festgesetzten Preisen zu beliefern. In Kriegszeiten wurde die Versorgung des Heeres mit Getreide (*annona militaris*) zu einer Sondersteuer, die im 3. Jh. n. Chr. dann eine solche Bedeutung erlangte, dass Diokletian sie regelmäßig erhob und mit der Grundsteuer verknüpfte. Hinzu kam die Lieferung von Bekleidung und Pferden für die Soldaten.

Schließlich erwarteten die römischen Imperatoren und Statthalter der republikanischen Zeit und später auch die Kaiser «Geschenke» wie goldene Kränze oder Luxusgüter für ihren repräsentativen Aufwand. Während diese Gabenpraxis in republikanischer Zeit regel- und zügellos, oft von Erpressung begleitet, vor sich ging, bürgerten sich in der Kaiserzeit Feste des Kaiserhauses – etwa zum Regierungsantritt oder Regierungsjubiläum, zu einem Sieg oder zur Geburt eines Thronfolgers – als Geschenktermine ein. Im 4. Jh. kamen dann neue zeremonielle Goldgeschenke hinzu, die Steuern waren, aber nur die Vermögenden – Senatoren, Stadträte (*curiales*) und Großhändler – belasteten.

Den Einzug der Steuern und Zölle organisierte Rom seit republikanischer Zeit wie die griechischen Poleis: Mit Ausnahme von Ägypten übernahmen nicht staatliche Amtsträger diese Aufgabe, sondern Steuer- und Zollpächter. Der Vorteil dieser Praxis lag für den Staat darin, dass er weder Personal dafür brauchte noch mit dem Steuereinzug selbst befasst war. Zudem war die erwartete Steuer- oder Pachtsumme garantiert, und es fielen bei der Versteigerung der Pachten weitere Einnahmen an. Die Steuerpächter wiederum machten in der Regel ordentliche Gewinne, nicht zuletzt, weil sie die Steuerforderungen hochschraubten. Die Leidtragenden waren die Steuerzahler, doch richteten sich ihre Wut und ihr Hass nicht gegen den Staat, sondern gegen die Steuerpächter und ihre Gehilfen vor Ort.

Seit der Etablierung der ersten Provinz *Sicilia* wurden meistens in Rom, zum Teil auch in der Provinz die unterschiedlichen Steuern, Zölle und Großpachten des *ager publicus* an Pachtunternehmer aus dem Ritterstand (*publicani*) versteigert, die sich zu Gesellschaften zusammenschlossen, da sie die Steueroder Pachtforderung vorstrecken mussten. Um auf ihre Kosten zu kommen, plünderten sie die Provinzen aus, wobei die Statthalter in der Regel wegsahen. Mit dem Übergang zur Kaiserzeit wurde das Wirken der Steuer- und Zollpächter dann sukzessive eingeschränkt und einer stärkeren Kontrolle unterworfen. Nun beaufsichtigten kaiserliche Prokuratoren aus dem Ritter- oder Freigelassenenstand die Großpächter. In den senatorischen Provinzen war der Statthalter, in den kaiserlichen der Finanzprokurator, der über jurisdiktionelle Kompetenzen im fiskalischen Bereich verfügte, die höchste Steuerinstanz. Auf der Ebene unter dem Statthalter und seinem Quästor bzw. dem Finanzprokurator waren Prokuratoren für die einzelnen Abgaben verantwortlich. Sie sollten deren Großpächter kontrollieren, machten aber zum Teil auch gemeinsame Sache mit ihnen. Für den kaiserlichen Grundbesitz, die Bergwerke und Steinbrüche waren Patrimonialprokuratoren zuständig, für die einzelnen Steuern und Zölle spezielle Prokuratoren, die zum Teil provinzübergreifend wirkten.

Da die Prokuratoren nicht den Steuer- und Zolleinzug selbst in die Hand nahmen, sondern nur die Publikanen überwachten, entstanden dem Staat auf diese Weise zwar administrative Mehrkosten, doch wurde mit ihnen der provinziale Frieden erkauft. Dass der Steuereinzug bei der Provinzialbevölkerung dennoch öfters auf Ablehnung stieß, wie ägyptische Papyri und Passagen im Neuen Testament belegen, liegt nicht daran, dass der römische Staat überall verhasst gewesen wäre, wie dies in *Iudaea* der Fall war, sondern an den zum Teil rüden Methoden, mit denen die Steuereinnehmer mit Unterstützung von Soldaten vor allem gegen die Landbevölkerung vorgingen. Dies änderte sich auch nicht, als in der Spätantike der Steuereinzug den inzwischen reichsweit etablierten städtischen Selbstverwaltungseinheiten auferlegt wurde, welche die Steuern direkt an die römische Administration abführten. Statt der Steuerpächter waren nun überall zwangsverpflichtete Ratsmitglieder für die städtische Steuerschuld haftbar, und diese Kurialen versuchten ihrerseits rücksichtslos, ihre Forderungen einzutreiben.

Mit den Reformen Diokletians erreichte die Abgabenerhebung eine zuvor nicht gekannte Effektivität. Während in republikanischer Zeit die Vermögensschätzung (*census*) auf die römischen Bürger in Italien beschränkt blieb, ließen die Kaiser seit Augustus in allen Provinzen auch die peregrine Bevölkerung erfassen. Doch anders als im Lukasevangelium berichtet, war dies kein reichsweiter Zensus, sondern es gab provinziale und städtische Zensus. Auch ist eine regelmäßige Erfassung im Rhythmus von 14 Jahren nur für Ägypten belegt, wo die Ptolemäer zuvor den Zensus jährlich erhoben hatten, nicht aber für die anderen Provinzen. Dort gab es einen Zensus bei der Einrichtung einer Provinz und dann unregelmäßig, wenn dies der Kaiser für nötig hielt. Unabhängig davon aktualisierten die Städte ihre Zensuslisten, die häufig auf Katastern beruhten, immer wieder im eigenen Interesse. Als Diokletian seit 287 die Neuordnung der Steuererhebung in Angriff nahm, wurde zum ersten Mal der Zensus reichsweit in allen Provinzen durchgeführt, was über 20 Jahre in Anspruch nahm. Das Besondere an seiner Reform war weniger der Versuch, die Veranlagung zu vereinheitlichen und gerechter zu verteilen. Neuartig war hingegen die jährliche Steuerveranlagung auf der Grundlage des errechneten Ausgabenbedarfs. Die Forderung wurde von der Zentrale über die Prätoriumspräfekturen, die Diözesen und die Provinzen auf die Städte umgelegt. Eine solche Budgetierung passte die Steuerleistung und deren Formen – ob in Naturalien, Sachleistungen, Geld oder Gold – dem Bedarf des Staates an und aktualisierte sie jährlich.

Erschien die Steuerforderung zu hoch, baten Gemeinden und Einzelpersonen um Steuernachlass oder Steuerbefreiung bzw. die Befreiung von *munera*. Bereits einzelne Imperatoren der späten Republik hatten hin und wieder Tributforderungen ermäßigt. Unter der Monarchie aber bildete die Großzügigkeit des Kaisers beim Schenken (*liberalitas*) wie beim Verzicht auf zustehende Forderungen (*indulgentia*) ein zentrales Herrschaftsmittel. Neben dem Erlassen rückständiger Steuerforderungen oder zeitweiliger Steuernachlässe bzw. Steuerbefreiungen für einige Jahre spielte die Befreiung von Steuern oder *munera* für Einzelpersonen, bestimmte Berufsgruppen und ganze Gemeinden eine wichtige Rolle in der kaiserlichen Privilegienpolitik. Das war ein heikles Thema, da Immunitäten von Einzelpersonen und Berufsgruppen nicht zu Lasten des römischen Staates gingen, sondern der Gemeinden, die die Steuerlast ihrer immunen Bürger nun umverteilen mussten. Wenn die Güter der Senatoren von der Last der Einquartierung römischer Amtsträger und Soldaten befreit wurden, wenn eine bestimmte Anzahl städtischer Ärzte und Rhetoriklehrer, das Kollegium der Hochseeschiffer oder ein erfolgreicher Athlet Immunität erhielten, bedeutete dies eine weitere Belastung für die übrigen Steuerzahler. Ohnedies waren Soldaten und Veteranen von einigen kommunalen Dienstleistungen, Abgaben und Zöllen befreit. Dieses Problem verschärfte sich in der Spätantike, weil hier große Bevölkerungsgruppen von der Steuerzahlung oder den kommunalen Zwangsdiensten ganz oder teilweise befreit waren: die Soldaten und Veteranen, die für die Versorgung wichtigen Berufsgenossenschaften, die christlichen Kleriker und die im Reichsdienst tätigen (ehemaligen) Amtsträger (*honorati*).

Die Einnahmen des römischen Staates wurden dagegen nur durch die Privilegierung ganzer Gemeinden betroffen. Kolonien italischen Rechts und Städte mit Immunität zahlten keine Abgaben. Beruhte ihre Stellung auf Verdiensten gegenüber dem Imperium in seiner späten Expansions- und frühen Konsolidierungsphase, so befreiten die Kaiser seit dem späteren 2. Jh. n. Chr. kaum mehr städtische Gemeinden von der Steuerpflicht, selbst wenn diese entsprechende Titel verliehen bekamen. Die unterschiedlichen Rechtsstellungen der Gemeinden verschwanden bis zur Spätantike ganz, als nur noch Rom und Konstantinopel eine aus der Provinzialorganisation herausgenommene Stellung als Metropole besaßen, während alle anderen Städte abgabenpflichtig geworden waren.

Keiner hat die Funktion der imperialen Tributerhebung so

pointiert ausgedrückt wie Marcus Cicero, der 59 v. Chr. an seinen Bruder Quintus, den Statthalter der Provinz *Asia*, schrieb: «Gleichzeitig möge die Provinz *Asia* noch bedenken, dass sie nicht vom Unheil eines auswärtigen Krieges oder innerer Zwietracht verschont geblieben wäre, wenn sie nicht unter römischer Herrschaft (*imperium*) stünde. Weil sich dieses *imperium* ohne die Leistung von Steuern (*vectigalia*) überhaupt nicht aufrechterhalten ließe, mag sich die Provinz doch in aller Gelassenheit für einen Teil ihrer Erträge immerwährenden Frieden und ein ruhiges Leben erkaufen» (Cicero, *Briefe an Quintus* 1,1,34). Solange dieser Tausch einigermaßen funktionierte, stand das Imperium auf festem Boden; als in der Spätantike im Westen des Reiches der Friede nicht mehr «erkauft» werden konnte, löste sich der Staat auf.

4. Innere Sicherheit: Rechtsgewährung und Kontrolle der Städte

«Aber es ist schwieriger, Provinzen zu halten als einzurichten; mit Streitkräften werden sie erworben, durch das Recht behauptet.» Auf diese einfache Formel brachte der römische Geschichtsschreiber Florus Mitte des 2. Jh.s n. Chr. das Problem imperialer Herrschaft (2,30,29). Er war der Überzeugung, dass sich die Bewohner der Provinzen gerne der römischen Herrschaft fügten, wenn man sie nach den Grundsätzen des römischen Rechts regierte, und dass sie nur durch unfähige oder korrupte Statthalter zum Widerstand gereizt würden. Das römische Recht erschien ihm als das Herrschaftsmittel, durch das sich die Römer vor allen anderen Völkern ausgezeichnet hatten. Florus sah das Problem: Ein Imperium, das konsolidiert und behauptet werden soll, kann nicht auf die Rechtsförmigkeit der Herrschaftsbeziehungen und die darauf beruhenden Gerechtigkeitsvorstellungen verzichten. So waren die Statthalter in der Kaiserzeit zunehmend mit der Rechtsgewährung befasst, nachdem in vielen Provinzen militärische Aufgaben keine zentrale Rolle mehr spielten. Doch hat es lange gedauert, bis aus den Imperatoren der republikanischen Zeit Statthalter geworden waren, die im Auftrag des Kaisers in den Provinzen für Recht und Ordnung sorgten, indem sie wie die Magistrate in Rom ordentlich Recht sprachen und die städtischen Selbstverwaltungseinheiten beaufsichtigten.

Sowohl die Konsuln und Prätoren, die während ihrer städtischen Magistratur einen militärischen Kommandobereich (*provincia*) für auswärtige Kriege zugewiesen bekamen, als auch die Prätoren, Proprätoren und Prokonsuln, die als reguläre Statthalter in die nach und nach etablierten Provinzen entsandt wurden, besaßen aufgrund ihres *imperium* nicht nur den militärischen Oberbefehl, sondern auch die höchste richterliche Gewalt (*iurisdictio*) in allen Zivil- und Strafsachen. Zwar scheinen die militärischen Aufgaben während der Expansion seit den Punischen Kriegen die Tätigkeit der Feldherren und Statthalter bestimmt zu haben, doch vergisst man leicht, welche rechtlichen Konsequenzen sich aus den Unterwerfungs- und Bündnisverträgen, den Annexionen und Tributerhebungen ergaben. Die Kriegsfolgen mussten zwischen den siegreichen römischen Feldherren, dem Senat in Rom, den römischen Verbündeten und den unterlegenen Gegnern im oft langwierigen Austausch von Gesandtschaften ausgehandelt werden. Die Regelungen waren auch mit Rücksicht auf die Interessen der Verbündeten zu treffen, die eine Belohnung erwarteten; andererseits schien es ratsam, den Unterlegenen nicht jede Möglichkeit zu nehmen, sich in Zukunft als treue «Verbündete und Freunde des römischen Volkes» zu erweisen. Konnte Rom in Spanien oder Illyrien noch relativ rücksichtslos gegenüber den örtlichen Stämmen agieren, so verbot sich ein solches Vorgehen in der griechischen Welt, wo der Senat in das komplexe diplomatische und kriegerische Spiel der hellenistischen Könige eingetreten war und dieses dominieren wollte.

Seit etwa 200 v. Chr. dokumentieren inschriftlich erhaltene Briefe römischer Magistrate und Feldherren, Senatsbeschlüsse, Gesetze der Volksversammlung und Ehrenbeschlüsse griechischer Städte diese diplomatische Tätigkeit mit ihren rechtlichen Konsequenzen. Dabei ging es um die Rechtsstellung der Gemeinden nach ihrer ‹freiwilligen› oder erzwungenen Unterwerfung (*deditio*), um die Annexion von Territorien bzw. deren Übereignung an Verbündete, um die Restitution von Grundbesitz, Habe und politischen Rechten, um die Verbannung romfeindlicher Gruppen oder die Rückführung verbannter Freunde Roms und generell um Privilegien aller Art. Besonders im Gefolge der Kriege und Bürgerkriege des 2. und 1. Jh.s v. Chr. kam es zu großen ökonomischen und sozialen Verwerfungen, wobei die anschließende Konsolidierung der Verhältnisse eine zentrale Aufgabe der römischen Statthalter und Feldherren sowie des Senats bildete.

Im Verhältnis der untereinander streitenden griechischen Gemeinwesen und Herrscher fiel Rom die Rolle zu, die gegenseitige Gewalt einzudämmen und vor allem die zahlreichen Grenzkonflikte zu lösen. Im Verhältnis der einzelnen Städte zu Rom ging es vor allem um Privilegien wie den Status einer «freien» und «autonomen» Stadt, das heißt einerseits um das Recht, wie es formelhaft heißt, «nach den eigenen Gesetzen leben» zu dürfen, und andererseits um die Befreiung von Einquartierung, Truppengestellung und Versorgungsleistungen sowie von Tributen und Zehnten. Rom gewährte solche Privilegien denjenigen Gemeinwesen, die sich – besonders in Kriegszeiten – loyal verhalten hatten und bestrafte die abtrünnigen durch Einquartierungen und Statusverlust. Seit dem späten 2. Jh. v. Chr. kam es auch vermehrt zu Konflikten zwischen den Städten und dort ansässigen, Handel treibenden Römern und Italikern, aber auch mit römischen Amtsträgern und Steuerpächtern. Letztere haben sich nicht immer um die Rechte privilegierter Gemeinden geschert und dort entweder Abgaben erhoben oder in die städtische Gerichtsbarkeit eingegriffen. Manche Gemeinden haben sich gegen solche Übergriffe erfolgreich gewehrt.

Bereits seit dem frühen 2. Jh. v. Chr. mischte sich Rom in die politische Ordnung der unter seine Kontrolle gelangten Gemeinwesen ein. Ging es anfangs um deren politische Zuverlässigkeit durch die Unterstützung der romfreundlichen Partei, so rückte bald ihre Administration in den Mittelpunkt der Herrschaftsaufgaben, wobei in der Kaiserzeit die Kontrolle der städtischen Finanzen hinzukam. Rom achtete darauf, dass die Städte als Stützpunkte seiner Herrschaft oligarchisch regiert wurden und veränderte deshalb in manchen Regionen wie in Achaia 146 v. Chr. die städtischen Verfassungen, während die neu zur Stadt erhobenen oder gegründeten Gemeinwesen gleich oligarchisch verfasst wurden wie die pontischen Städte auf der Grundlage der *lex Pompeia* (63 v. Chr.) oder die Munizipien in der spanischen Provinz *Baetica* gemäß einem Gesetz des Kaisers Vespasian. Rom unterstützte dabei den städtischen Rat (*curia*), in dem die als Stand organisierte lokale Aristokratie (*ordo decurionum*) die politischen Geschäfte führte, während die Rolle der Volksversammlung im wesentlichen auf die Wahl der Amtsträger beschränkt blieb. Selbst in den griechischen Städten, deren Volksversammlungen lange Zeit als Beschlussgremium eine politische Rolle gespielt hatten, versuchten die Kaiser die Ratsversammlungen der Notabeln zu Lasten der Volksversammlungen zu stärken.

Der Senat und die Statthalter waren seit republikanischer Zeit auch darum bemüht, die innerstädtischen Auseinandersetzungen innerhalb der Führungsschicht sowie zwischen der städtischen Aristokratie und dem «Volk» (*dēmos*) einzudämmen. Gerade die Rivalität zwischen den Notabeln führte nämlich dazu, dass sich die schwächere Partei zwecks Rückendeckung an die römischen Machthaber wandte und diese damit in die innerstädtischen Konflikte hineinzog. Außerdem unterhielten inzwischen nicht wenige Notabeln Patronatsbeziehungen zu römischen Senatoren und suchten deren Unterstützung für ihre Vorhaben zu gewinnen. Dieses politische Handlungsmuster bestimmte auch in der Kaiserzeit die Kommunikation zwischen der lokalen Aristokratie und den römischen Machthabern. Die Ausweitung und Intensivierung der römischen Herrschaft im Bereich der provinzialen Gemeinwesen ist also weniger der Initiative der römischen Machthaber zuzuschreiben als den Avancen provinzialer Politiker. Diese Form der Herrschaftsbildung, die von den Untertanen selbst forciert wird, bildet ein strukturelles Element jeder Provinzialherrschaft, die sich auf die Kooperation lokaler Eliten stützt.

Die Statthalter wie die Feldherren regierten in republikanischer Zeit zunächst mittels Dekreten, die sie aufgrund von Senatsbeschlüssen fassten oder die sie nachträglich durch einen Senatsbeschluss bestätigen ließen. Manche Entscheidungen regelten einen Sachverhalt nicht nur für eine Gemeinde, sondern provinzweit, etwa in *Sicilia* den Rechtsstreit zwischen römischen Bürgern und Provinzialen oder in *Pontus et Bithynia* die Organisation der städtischen Ratsversammlungen. Ein allgemeines Provinzstatut (*lex provinciae*), in dem die römische Administration generell geregelt worden wäre, gab es in republikanischer Zeit noch nicht. Generelle Regelungen wurden dagegen seit dem Ende des 2. Jh.s v. Chr. in einzelnen Provinzen für die Kompetenzen des Statthalters und seines Quästors getroffen. Ein Volksgesetz (*lex*) über die Provinzen *Asia* und *Macedonia* sowie den Militärbezirk *Cilicia* aus dem Jahr 101 bestimmte nicht nur, dass der Statthalter ohne Ermächtigung durch den Senat keinen Krieg beginnen und keine Aushebungen vornehmen durfte, dass er nicht befugt war, sein Heer aus der Provinz zu führen und die Provinz während seiner Amtszeit zu verlassen, und dass er bei neu hinzugewonnenen Gebieten die dortigen Verbündeten Roms militärisch schützen, das Territorium vermessen, Grenzsteine aufstellen und die Abgaben zur Verpachtung versteigern lassen sollte. Das Gesetz umschrieb auch seine richterliche Kompetenz: Der Statthalter habe «die Gewalt (*potestas*) über alle die Rechtsprechung (*iurisdictio*) betreffenden Angelegenheiten, nämlich zu bestrafen, zu verhaften, Recht zu sprechen, ein Urteil zu fällen, einen Richter oder ein Geschworenengericht einzusetzen, Bürgen und Sicherheiten zu registrieren und Freilassungen vorzunehmen» (*Roman Statutes* 12, IV 31–39). Dieses zivil- und strafrechtliche Aufgabenfeld wurde im 1. Jh. v. Chr. zur Routineangelegenheit eines Gouverneurs. Wie der Prätor in Rom, so veröffentlichte auch der Statthalter beim Betreten seiner Provinz ein Edikt, in dem er die Grundsätze und Verfahrensformen seiner Rechtsgewährung bekanntmachte (Provinzialedikt). Die Bewohner der Provinzen konnten sich auf dieses Edikt und den dort versprochenen Rechtsschutz berufen und sehen, welche Prozessformeln vor dem Statthaltergericht zu verwenden waren. Trotz dieser theoretischen Rechtssicherheit verliefen die Prozesse in der Praxis zum Teil sehr willkürlich, denn der Gouverneur konnte das Verfahren leicht manipulieren.

In republikanischer Zeit war das provinziale Gerichtsverfahren wie der Zivil- und Strafprozess in Rom zweigeteilt: Der Gerichtsmagistrat, in den Provinzen der Statthalter, entschied nach Anhörung der Parteien darüber, ob der Rechtsstreit zugelassen wurde, bestimmte dann die Prozessformeln, nach denen Recht gesprochen werden sollte und setzte anschließend einen Einzelrichter (oder ein Geschworenengericht) ein, der den Fall nach der Vorgabe der Prozessformel des Gerichtsmagistrats untersuchte und das Urteil sprach. Obwohl der Statthalter nur für die Prozesseinleitung, das Verfahren *in iure*, zuständig war, während die Tatsachen von dem Richter oder den Geschworenen ermittelt wurden (*apud iudicem*), konnte er bei der Zulassung der Klage, bei der untersuchungsleitenden Formulierung der Prozessformel und besonders bei der Bestellung des Richters oder der Geschworenen Einfluss auf das Verfahren nehmen. Die Geschworenen und die Einzelrichter wurden in der Regel aus den Amtsträgern und Freunden des Statthalters sowie aus den vor Ort ansässigen römischen Bürgern, die als Verband organisiert waren (*conventus civium Romanorum*), ausgewählt. Sofern es sich nicht um Prozesse zwischen römischen Bürgern handelte, sondern um Verfahren gegen Provinziale, dominierte eine Minderheit von Römern die provinziale Rechtsgewährung, was zu Konflikten führte. Dies betraf nicht nur die Kapitalgerichtsbarkeit, die in den Händen des Statthalters lag, sondern auch Zivilprozesse von einigem Gewicht. Andererseits zogen es nicht wenige Provinziale vor, vor einem römischen Gericht anstatt dem ihrer Gemeinde zu prozessieren, weil sie sich dort eine unabhängigere Justiz als vor einheimischen Richtern erhofften.

Das zweigeteilte Verfahren vor dem Statthalter als Gerichtsmagistrat und dem von ihm zugewiesenen Einzelrichter oder Geschworenengericht wurde im Zivilprozess auch in der Kaiserzeit zunächst beibehalten, doch verlor es bald gegenüber der flexibleren statthalterlichen Kognitionspraxis an Boden: Bei diesem Verfahren fand der ganze Prozess – Einleitung, Untersuchung und Urteilsverkündung – vor dem Statthalter und seinem Beratergremium (*consilium*) oder einem von diesem bestellten Einzelrichter statt. Diesem Consilium konnten weitere römische Amtsträger wie die Legaten des Statthalters, der Quästor, kaiserliche Prokuratoren und einzelne Offiziere angehören. Dazu kamen Vertraute, die den Statthalter in die Provinz begleitet hatten (*comites*), und örtliche Notabeln, die auf einer provinzialen Richterliste (*album iudicum*) verzeichnet waren; letztere wurden vom Statthalter ausgesucht. Das Consilium beriet den Statthalter bei der Entscheidungsfindung, doch blieb dieser Herr des Verfahrens, und das Urteil erging in seinem Namen.

Sofern es sich nicht um Zivilprozesse mit ihren Geldstrafen handelte, bedeutete ein Strafprozess in der Regel einen massiven Eingriff in den Personenstand des Verurteilten. Da das römische Recht (wie das griechische) keine Gefängnisstrafe kannte, endeten die Prozesse für Angehörige der oberen Klassen (*honestiores*) mit Exil oder Deportation auf eine Insel, meistens verbunden mit der Konfiskation des Vermögens und Statusverlust, für Angehörige der unteren Klassen (*humiliores*) nach der Folter mit Prügelstrafe, Deportation in die Bergwerke oder Hinrichtung. Wie das Schicksal des Apostels Paulus zeigt, der als Jude auch Bürger der kilikischen Stadt Tarsos war und zugleich das römische Bürgerrecht besaß, genossen römische Bürger Privilegien: Der Statthalter durfte sie weder foltern noch schlagen lassen und konnte sie auch nicht zum Tode verurteilen, wenn sie an den Kaiser appellierten. Als freilich alle Reichsbewohner das römische Bürgerrecht erhalten hatten, genossen nur noch die *honestiores* dieses Privileg.

Das Gericht des Statthalters (*tribunal*) trat an verschiedenen Orten einer Provinz zusammen. Im Laufe des 1. Jh.s v. Chr. hatte sich in der Provinz *Asia* ein Kreis von neun Städten gebildet, die der Statthalter regelmäßig zur Abhaltung von Gerichtstagen (*conventūs*) aufsuchte. Man brachte die Gefangenen aus der weiteren Umgebung vor das Tribunal, vor das auch die Prozessführenden geladen wurden. Ein solches System von Konventstädten setzte sich in der Kaiserzeit in vielen Provinzen durch, wobei in kleineren Provinzen ein oder zwei Städte als

Gerichtsorte genügten, während sich etwa in der spanischen *Baetica* vier und in der *Tarraconensis* gar sieben Gerichtsbezirke etablierten. Als die Provinzen in der Spätantike dann verkleinert wurden, reiste der Statthalter nicht mehr durch seine Provinz, um Gericht zu halten. Die Provinzhauptstadt war nun ständiger Gerichtsort und der Gouverneur ausschließlich Gerichtsmagistrat geworden; sein Consilium bestand aus den in der Provinz ansässigen (ehemaligen) Amtsträgern der Reichsverwaltung (*honorati*) sowie juristisch geschulten Beisitzern (*assessores*).

Allgemein betrachtet war es die Aufgabe eines Gouverneurs, dafür zu sorgen, «dass die Provinz, die er regiert, befriedet und ruhig sei» (*Digesten* 1,18,13 pr.). Dieser Pflicht konnten die Statthalter nur nachkommen, weil sie in der späten Republik und der frühen Kaiserzeit von Sklaven und Freigelassenen ihres Haushalts (*familia*), von einigen wenigen besoldeten Amtsdienern und von Freunden, die sie in die Provinz begleiteten, unterstützt wurden. Seit Augustus verfügte ein Statthalter zusätzlich über ein oder mehrere Legaten senatorischen Ranges, die ihm bei der Rechtsgewährung halfen. Im Laufe der Kaiserzeit entwickelte sich dann das Statthalterbüro (*officium*), in dem überwiegend von den Legionen abgeordnete Soldaten (*beneficiarii*) in spezialisierter Funktion tätig waren. Einige Aufgaben in Rechtsprechung und Verwaltung delegierten die Gouverneure nicht nur an ihre Legaten, sondern auch an Präfekten und Zenturionen aus ihren Truppen, die als Einzelrichter amtierten oder den Zensus in bestimmten Regionen durchführten. Daneben haben die Kaiser immer wieder Sonderlegaten aus dem Senatoren- oder Ritterstand in die Provinzen entsandt, um die Statthalter zu unterstützen, etwa bei der Erhebung des Provinzialzensus oder zur Konsolidierung der Finanzen in provinzialen Städten (*curator rei publicae*).

Mit dem Übergang zur Spätantike veränderten sich der Aufgabenbereich und die Organisation des statthalterlichen Regiments. Zwar verlor der Gouverneur seine militärische Kompetenz, doch kam nun zur Zivil- und Strafgerichtsbarkeit die Erhebung der provinzialen Steuern und Abgaben hinzu, für die vorher weitgehend die kaiserlichen Prokuratoren zuständig gewesen waren. Dementsprechend wurden die nun korporativ organisierten Statthalterbüros aufgeteilt in einen Bereich für die Jurisdiktion und einen weiteren für die fiskalischen Aufgaben. In den Statthalterbüros arbeiteten jetzt je nach Größe und Rang der Provinz zwischen 100 und 500 Amtsdiener (*officiales*), die sich größtenteils aus den Kurien der provinzialen Städte rekrutierten. Die städtische Gerichtsbarkeit war auf ein Minimum beschränkt worden, so dass das Statthaltergericht nun für fast alle Formen der Rechtsprechung zuständig war.

Gegen die Macht des Statthalters als Gerichtsmagistrat konnten sich in republikanischer Zeit nur diejenigen Provinzialen wehren, die über gute Patronatsbeziehungen in Rom verfügten. Seit Beginn der Kaiserzeit aber entwickelte sich die Berufung an den Kaiser als ein Weg, das Statthaltergericht zu umgehen oder dessen Urteil in Frage zu stellen. Für römische Bürger in den Provinzen war die Berufung zulässig, wenn ihr Leben oder ihr Personenstatus auf dem Spiel standen. So, wie die Prozessparteien von städtischen Gerichten an den Statthalter appellieren konnten, so wandten sich auch autonome Städte wie Athen oder Delphi direkt an den Kaiser, der über den Rechtsstreit entweder selbst befand oder einen Legaten als Richter zuwies. Auch vom Gericht des Statthalters oder des Finanzprokurators durfte an den Kaiser appelliert werden. Im Laufe der Kaiserzeit wurde das Berufungswesen eingeschränkt und reguliert, und in der Spätantike war der Instanzenzug so festgeschrieben, dass er für alle Statthalter außer den drei Prokonsuln über den Vikar zum Prätoriumspräfekten führte, der im Auftrag des Kaisers letztinstanzlich Recht sprach.

Hatten sich schon in republikanischer Zeit Gemeinden mit Gesandtschaften direkt an den Senat gewandt, um ihre Interessen zur Geltung zu bringen, so bestand auch in der Kaiserzeit für einzelne Personen, Genossenschaften, Dörfer oder Städte die Möglichkeit, sich mit Bittschriften an den Statthalter, andere hohe Amtsträger, an Bischöfe oder den Kaiser selbst zu wenden. Diese unstreitige Form der Rechts- und Privilegiengewährung oder -verweigerung wurde häufig in Anspruch genommen, allerdings verwies der Kaiser die Bittsteller oft nur an den zuständigen Statthalter oder Prokurator. Dennoch eröffnete sich hier ein Bereich der Kommunikation zwischen den Untertanen – auch der unteren Klassen – und dem Kaiser, der seine Fürsorge demonstrieren konnte, wenn ihm dies opportun erschien.

Während die oberen Klassen der Provinzialbevölkerung im Laufe der Kaiserzeit zunehmend Rechtssicherheit gegenüber dem Statthalter erlangten, verschlechterte sich die Stellung der unteren Klassen, auf die viele Gouverneure wenig Rücksicht nahmen. Die ohnehin lange Prozessdauer oder Prozessverschleppung führte etwa im 4. Jh. im syrischen Antiochia dazu, dass verhaftete Personen zum Teil jahrelang im Kerker auf einen Prozess warteten und viele vorher starben. Der Rechtsschutz der *humiliores* war so gering geworden, dass Kaiser Valentinian I. im Jahr 368 das Amt eines städtischen Patrons schuf, der die einfachen Bürger vor den Übergriffen des Gouverneurs und anderer Mächtiger schützen sollte (*defensor plebis*). Für die Angehörigen der unteren Klassen war das Statthaltergericht überdies teuer. Zwar erklärten die Kaiser immer wieder, dass der Statthalter allen Rechtsuchenden Gehör schenken solle, doch war die Korruption seiner Amtsdiener verbreitet. Darüber hinaus fielen Gebühren für zahlreiche Tätigkeiten im Rahmen des Prozesses an, die den einzelnen Amtsdienern bezahlt werden mussten (*sportulae*). In dieser Zeit gewann die zivilrechtliche Schiedsgerichtsbarkeit des Bischofs (*episcopalis audientia*), die Kaiser Konstantin offizialisiert hatte, an Bedeutung. Sie ersetzte zwar nicht das ordentliche Gericht, doch konnten der Statthalter oder sein Richter den Schiedsspruch übernehmen. Die Macht der Bischöfe, denen nun auch die Sorge für die städtischen Gefängnisse anvertraut wurde, wuchs derart, dass schließlich Kaiser Justinian den Bischöfen die Aufsicht über die statthalterliche Gerichtsbarkeit übertrug.

Es gehört zu den Eigenheiten des Imperium Romanum, dass weder der Senat noch die Kaiser versuchten, das römische Recht den Provinzen zu oktroyieren und damit ein reichsweit einheitliches Rechtssystem zu schaffen. Es setzte sich durch, weil sich die Untertanen davon wirtschaftliche Vorteile und Rechtssicherheit versprachen, und weil es Ausdruck des imperialen Staates war, an dem sie zunehmend Anteil hatten. Auch war das römische Recht flexibel genug, um den Herausforderungen des wachsenden Weltreichs begegnen zu können. Das prätorische Privatrecht, auf dem später das Provinzialedikt basierte, war seit dem 3. Jh. v. Chr. in ständiger Anpassung an den Rechtsverkehr römischer Bürger mit Personen und Gemeinden peregrinen Rechts weiterentwickelt worden. Der Kognitionsprozess erlaubte es dann in der Kaiserzeit den Gerichtsmagistraten, noch flexibler mit anstehenden Rechtsfragen umzugehen, weil der rigide Formalismus, der die Rechtsgeschäfte und den Prozess des altrömischen Zivilrechts, aber auch noch des prätorischen Privatrechts geprägt hatte, bei diesem Verfahren kaum noch eine Rolle spielte.

Wo Rom nicht auf eine ausgebildete Rechtskultur traf, gab es zum Gebrauch des römischen Rechts keine Alternative: Mit der Schaffung einer städtisch-politischen Infrastruktur in den westlichen und nördlichen Provinzen ergab sich der Gebrauch der lateinischen Sprache und des römischen Rechts gleichsam von selbst. Wo man aber starken Rechtstraditionen begegnete wie in den griechischen Stadtstaaten, Ägypten und Judäa, blieben vor allem im Privatrecht lokale Rechtsinstitute und Rechtsvorstellungen auch noch nach der reichsweiten Verleihung des römischen Bürgerrechts lebendig. Nicht nur für die oberen Klassen war daher das Römische Reich im Laufe der Kaiserzeit zu einem einheitlichen Rechtsraum zusammengewachsen: Der Christ Orosius etwa betrachtete nicht mehr seine Heimatstadt als Vaterland, sondern das Imperium Romanum, weil es die «Gemeinschaft des Rechts» (*communio iuris*) mit der «Einheit des Glaubens» (*religionis unitas*) verband (5,1,15).

IV. Die Provinzen zwischen Anpassung,
Loyalität und Widerstand

Wie jede Form des politischen Regiments, so beruht auch die imperiale Herrschaft als Bedingung für ihre Dauer auf der Zustimmung maßgeblicher Gruppen der Unterworfenen. In seiner Expansionsphase, die überwiegend von Gewaltanwendung oder Gewaltandrohung geprägt ist, findet ein Imperium in den Gebieten, auf die es ausgreift, zwar immer wieder Verbündete oder temporäre Unterwerfung, doch ebenso häufig die Bereitschaft zu Aufstand oder Abfall. Erst die Erfahrung von militärischer Ohnmacht in Verbindung mit handfesten Vorteilen lässt die Zustimmung der Unterworfenen zur imperialen Herrschaft aufkommen, ohne die ein Imperium nie in seine Konsolidierungsphase treten würde. Kein Imperium kann sich auf Dauer allein mit militärischer Gewalt und politischer Unterdrückung behaupten.

Im folgenden geht es daher um die Frage, wie es Rom vermochte, sich nicht nur Gehorsam, sondern dauerhafte Zustimmung zu seiner Herrschaft zu verschaffen. Anders formuliert: Wie kam es, dass maßgebliche Gruppen der Provinzialbevölkerung in Rom nicht mehr das Zentrum eines sie unterdrückenden imperialen Staates sahen, sondern ein «gemeinsames Vaterland» (*Dig.* 48,22,18: *communis patria*)? Zunächst aber ist der Widerstand gegen die einmal etablierte römische Herrschaft zu berücksichtigen.

1. Politischer und religiöser Widerstand:
Aufstände gegen das Imperium

Bei der Frage nach der Auflehnung gegen die römische Herrschaft muss zwischen dem Widerstand während der Expansionsphase eines Imperiums und Aufständen nach dessen Konsolidierung unterschieden werden. Dass imperialen Expansionsbestrebungen von den Betroffenen zunächst Widerstand entgegengesetzt wird und noch ein bis zwei Generationen nach der Unterwerfung Aufstände ausbrechen können, verwundert kaum. Dieses Szenario wiederholt sich auch, wenn ein einmal etabliertes Imperium weiter expandiert: Was die Römer in republikanischer Zeit in Spanien, Norditalien und Gallien erlebt hatten, begegnete ihnen in der Kaiserzeit wieder in Britannien, Mauretanien und Dakien. Dennoch kann man sagen, dass sich das Imperium Romanum seit Augustus konsolidiert hatte und unter den flavischen Kaisern nun weitgehend ‹Friedhofsruhe› im Reich herrschte. Viele hatten längst das Gehorchen gelernt und keine eigene Erfahrung mehr mit der «Freiheit» von einst. Das gilt auch für die römischen Bürger der frühen Kaiserzeit, die mit der Monarchie aufgewachsen waren und die Republik nur noch vom Hörensagen kannten.

Dass in republikanischer Zeit der politische Widerstand gegen Rom auch bei schon länger unterworfenen Städten und Völkern nicht endgültig gebrochen war, liegt nicht nur daran, dass Rom damals unaufhaltsam expandierte und vor allem auf militärische Gewalt setzte. Wie das Beispiel von Mithradates VI., einem der gefährlichsten Gegner Roms, lehrt, zu dem die Städte der Provinz *Asia* reihenweise abfielen, ergab sich immer wieder eine politische Alternative zur römischen Herrschaft, solange Rom nicht die Oikumene fest im Griff hatte. Dazu kam die Instabilität der von Parteikämpfen erschütterten Senatsherrschaft, die sich in den Bürgerkriegen äußerte. Sie zwangen die provinzialen Gemeinwesen und die Vasallenfürsten zur Parteinahme – welcher der miteinander rivalisierenden Protagonisten der imperialen Macht sich aber durchsetzen würde, war zunächst nicht abzusehen. Und schließlich erschien eine politische Alternative deswegen attraktiv, weil viele Provinzen unter der massiven Ausbeutung durch die Steuerpächter und Geschäftsleute und unter der Willkür der Statthalter zu leiden hatten.

Zu Beginn der Kaiserzeit konnte das Imperium langfristig stabilisiert werden, weil die Herrscher Konsequenzen aus den politischen Erfahrungen der spätrepublikanischen Zeit gezogen hatten. Augustus stellte die Einheit der imperialen Gewalt als Monarchie wieder her, und das in den Provinzen stehende Heer machte die Aussichtslosigkeit eines militärischen Widerstandes sinnfällig. Zudem beherrschte Rom jetzt die gesamte Mittelmeerwelt, so dass sich keine politische Alternative mehr ergab, denn die Parther waren als «Perser» kein potentieller Verbündeter für die Griechen der östlichen Mittelmeerwelt. Diese Veränderungen allein bewirkten jedoch nicht den Umschwung. Erst indem sich Augustus mit neuartigen Formen politischer Kommunikation an alle Gruppen der Reichsbevölkerung wandte, vermochte er es, die römischen Bürger mit der Monarchie zu versöhnen und die Provinzialbevölkerung zur Akzeptanz der römischen Herrschaft und zur Loyalität ihm gegenüber zu bewegen. Davon wird noch die Rede sein.

Bei der Frage nach dem Widerstand gegen die römische Herrschaft ergibt sich ein weiteres Problem. In der Überlieferung der Kaiserzeit gibt es zwar einige Hinweise auf Unruhen, Aufstände, Verschwörungen, Bandenwesen, Piraterie und religiös motivierte Rebellionen in den Provinzen. Doch welche dieser Phänomene können als Widerstand gegen Rom interpretiert werden? Den Statthaltern in der Provinz oder dem Kaiser in Rom erschienen zwar viele dieser Vorfälle als Störung des öffentlichen Friedens, doch nur selten als Bedrohung der römischen Herrschaft. Auch wenn sich einzelne Kaiser durch die Usurpationsversuche von Thronprätendenten oder die Verselbständigung von Provinzen («Sonderreiche») herausgefordert sahen, so ging diese Gefahr vom inneren Kreis der Macht aus und nicht von den provinzialen Untertanen. Selbst diese Herausforderungen stellten nicht die römische Herrschaft als solche in Frage, sondern nur den regierenden Kaiser.

In den Städten des Römischen Reiches gab es – wie in Rom oder später in Konstantinopel auch – immer wieder Unruhen, die durch Konflikte zwischen rivalisierenden Gruppen von Notabeln oder zwischen städtischer Aristokratie und dem «Volk» ausgelöst wurden. Oft spielte dabei das Problem der Lebensmittelversorgung eine Rolle, manchmal aber entzündeten sich Unruhen auch im Rahmen städtischer Spiele, vor allem bei Wagenrennen und Gladiatorenkämpfen. Doch waren solche Situationen weder spezifisch für das Römische Reich, noch wurden sie, wie manchmal in republikanischer Zeit, zu antirömischen Kundgebungen genutzt. Es war dann die Aufgabe des Statthalters, solche Unruhen zu unterdrücken und dafür zu sorgen, dass die Provinz befriedet wurde. Gravierender waren die städtischen und provinzialen Unruhen in der Spätantike, als religiöse Auseinandersetzungen zwischen «Heiden», Juden und Christen sowie zwischen den Anhängern der «katholischen» Orthodoxie und der als häretisch gebrandmarkten christlichen Konfessionen. Hier mussten die Statthalter häufiger die Militärbefehlshaber mit ihren Truppen zur Hilfe rufen.

Auch das Bandenwesen und die Piraterie sind keine Besonderheit des Römischen Reiches. Gruppen sozial oder politisch marginalisierter Personen lassen sich in vielen vormodernen Gesellschaften finden, doch mündet ihre Lebensweise nur selten in sozialrevolutionären Widerstand. In historisch konfliktreichen Situationen erhalten sie freilich Zulauf, womit sich ihnen neue Handlungsmöglichkeiten eröffnen. Vom 3.–5. Jh. machten immer wieder entwurzelte ländliche Unterschichten in Spanien und Gallien, die sich gegen die Großgrundbesitzer und Steuereintreiber wandten, unter dem Namen «Bagauden» von sich reden. Verschuldung und Entwurzelung führten auch in Judäa, Galiläa und Samaria zur Bildung von Banden, deren Anführer wie in Afrika oder Gallien zunächst einmal das örtliche Archiv in Brand steckten, in denen die Urkunden aufbewahrt wurden. Es existierten im Imperium Romanum allerdings auch Zonen, die Rom nie ganz unter seine Kontrolle bekam wie das Baskenland, das Libanongebirge oder das Gebiet der Isaurer, eines Volkes, das im Taurusgebirge im Südwesten Kleinasiens lebte und von dort aus Raubüberfälle unternahm. Vom Ende des 3. bis zum Ende des 5. Jh.s kam es in dieser Region immer wieder zu Aufständen gegen die römische Herrschaft, bevor die Isaurer schließlich endgültig unterworfen werden konnten und zwangsumgesiedelt wurden.

Gegen die römische Herrschaft richteten sich in der Kaiserzeit nur wenige Aufstände. Der Bataveraufstand in Gallien

69/70 schloss sich direkt an die Usurpationswelle im Vierkaiserjahr 68/69 an und ist davon kaum zu trennen. Was allerdings
die Aufständischen, die ein *imperium Galliarum* proklamier-
ten, mit ihrem Separatismus bezweckten, ist heute kaum mehr
zu erkennen. Andere Rebellionen in Gallien, Germanien und
Britannien waren Reaktionen auf Übergriffe römischer Amtsträger zumeist kurz nach der Unterwerfung. Eine gewaltsame
Steuerextraktion, die Ausplünderung der Untertanen, eine willkürliche Rechtsprechung, die Demütigung lokaler Aristokraten und die Verletzung von religiösen Tabus bildeten dabei den
Anlass.

Die Juden in Palästina und zum Teil auch in der Diaspora
waren die einzigen römischen Untertanen, die in ihrer Mehrheit
die römische Herrschaft ablehnten. Zwar gestanden ihnen die
Kaiser eine Lebensweise gemäß dem jüdischen Gesetz zu, doch
stießen sie mit ihren Sitten und Privilegien – dass sie am Sabbath
nicht vor Gericht erscheinen oder keinen Militärdienst leisten
mussten – bei ihrer nichtjüdischen Umgebung wie bei den römischen Statthaltern auf wenig Verständnis: Die Aufstände in Mesopotamien, der Kyrenaika und Ägypten (115–117) resultierten
aus Konflikten mit den griechischen und ägyptischen Nachbarn.
Das jüdische Kernland in Galiläa, Judäa und Samaria war seit
der Herrschaft des römischen Vasallenkönigs Herodes und seiner Dynastie die unruhigste Region des gesamten Imperiums
geworden. Kleinere Aufstände waren an der Tagesordnung, und
das Bandenwesen war allenthalben anzutreffen. Verantwortlich
dafür war eine explosive Mischung aus wirtschaftlicher Not
vieler Kleinbauern und Pächter, massiven sozialen Spannungen
zwischen der lokalen, zum Teil romfreundlichen jüdischen Aristokratie und der breiten Bevölkerung sowie religiösem Fanatismus und Sektenbildung.

Seit der Fremdherrschaft der von Rom eingesetzten Herodes-
Dynastie, die entgegen dem Herkommen über das Hoheprie-
steramt in Jerusalem verfügte, war der Traum von einem eigenen jüdischen Staat wieder virulent geworden. Viele jüdische
Sekten hegten Endzeiterwartungen oder hofften auf den Messi-
as. In den ersten Jahrzehnten nach der Zeitenwende traten zahl-

reiche Messiasfiguren auf und scharten Anhänger um sich; einer von ihnen war Jesus «Christus». Sie suchten zumeist den Konflikt mit der etablierten Orthodoxie der Pharisäer, der jüdischen Aristokratie und den römischen Behörden – die Statthalter ließen Tausende von ihnen mitsamt ihren Anführern kreuzigen. Die gewaltsamen sozialen Spannungen unter den Juden und der religiöse Fanatismus der Zeloten («Eiferer») und anderer Gruppen führte – entzündet durch die Ignoranz und Verachtung der römischen Präfekten und später der Prokuratoren von *Iudaea* – zum Ausbruch der beiden großen jüdischen Aufstände, die tatsächlich die römische Herrschaft in Frage stellten (66–70/73 und 132–135). Sie mussten mit einem großen Aufgebot an Legionen, Auxiliarverbänden und Hilfstruppen der Vasallenfürsten niedergekämpft werden.

Anlass der beiden Erhebungen sowie mehrerer kleinerer Aufstände zuvor waren fast immer Übergriffe der Statthalter auf den Tempel und die heilige Stadt Jerusalem gewesen. Der Präfekt Pontius Pilatus brachte kaiserliche Portraits nach Jerusalem, Caligula wollte seine Statue im Tempel aufstellen lassen, ein Prokurator von *Iudaea* nahm Silber aus dem Tempelschatz und Hadrian ließ einen Tempel des *Iuppiter Capitolinus* anstelle des im Jahr 70 zerstörten Jüdischen Tempels errichten. Die beiden jüdischen Aufstände zeigten auch separatistische Züge: Die Aufständischen riefen einen eigenen ‹Staat› aus und prägten eigene Münzen mit Aufschriften wie «Jahr 1 der Erlösung Israels» oder «Jahr 1 der Befreiung Israels». Rom reagierte auf diese Herausforderung im Jahr 70 mit der Zerstörung des Tempels und 135 mit dem Verbot für die Juden, Jerusalem zu betreten. Die Stadt war fortan eine römische Kolonie, in der Legionsveteranen angesiedelt wurden. Die Aufstände hatten Hunderttausenden von Juden den Tod gebracht; die übrigen wurden in die Sklaverei verkauft oder in die Bergwerke und Arenen geschickt.

Es gab noch weitere religiöse Gruppierungen, die wie die Juden durch ihre monotheistische Glaubensüberzeugung und ihre Lebensweise nach außen hin abgeschottet blieben, so die Christen und die in Phrygien beheimateten Montanisten. Anders als die Juden betrachteten sie sich nicht als ethnischen Verband. Sie leisteten auch keinen aktiven Widerstand, doch stieß ihre ‹Intoleranz› gegenüber der polytheistischen Kultpraxis auf die Ablehnung der übrigen Reichsbewohner, die eine solche Haltung als «Atheismus» verwarfen. Sich nicht am städtischen Kultleben und seinen Festen zu beteiligen, nicht an der Kaiserverehrung teilzunehmen, keinen Eid auf Jupiter oder den Kaiser zu leisten, die Riten im Geheimen zu praktizieren, machte die Christen verdächtig. Sie wurden leicht zum Sündenbock, und es kam in manchen Provinzen vereinzelt zu Verfolgungen. Reichsweit wurden die Christen erst zum Problem, als viele von ihnen das von Kaiser Decius 250 n. Chr. geforderte Opfer aller Reichsbewohner für die traditionellen Götter Roms und den Kaiser verweigerten. Seither konnte man durch eine religiöse ‹Konfession› als Feind des Kaisers und des Reiches betrachtet werden. Die Einheit des Imperium Romanum wurde nun seit der zweiten Hälfte des 3. Jh.s zunehmend verankert in einem zur ‹Reichsreligion› sich entwickelnden, traditionellen römischen Kult mit wachsenden monotheistischen Tendenzen, im Laufe des 4. Jh.s dann in der christlichen Orthodoxie, die ab 380 durch Gesetze von Theodosius I. reichsweit verbindlich gemacht wurde.

Um potentiellem Widerstand gegen Rom vorzubeugen, hatte der Senat schon frühzeitig den Provinzen die Möglichkeit eingeräumt, gegen korrupte Statthalter Anklage zu erheben. Die meisten Statthalter der Republik nutzten nämlich ihre faktisch kaum begrenzte Machtstellung, sich durch mehr oder weniger direkte Erpressung und Raub finanzielle Mittel zu verschaffen, um damit die Kosten ihrer Ämterkarriere in Rom zu bestreiten. In der Regel kehrten sie ungleich vermögender aus den Provinzen zurück, als sie dorthin aufgebrochen waren. Die erste Klage gegen mehrere Statthalter brachten Vertreter der spanischen Provinzen bereits 171 v. Chr. vor den Senat, und im Jahr 149 v. Chr. wurde ein ständiger Gerichtshof in Rom für das Vergehen eingerichtet, eine Provinz über Gebühr ausgeraubt zu haben; geklagt wurde auf Schadenersatz (*lex pecuniarum repetundarum*). Es folgten bald weitere Gesetze, die das Vergehen zum «Verbrechen gegen das Gemeinwesen» (*publicum crimen*) aufwerteten, die Schadenersatzleistung erhöhten und schließlich neben der Vermögensstrafe auch die Kapitalstrafe zuließen. Doch diese Gesetze bewirkten nicht viel. Das lag daran, dass die Richter im Repetundenprozess zunächst ausschließlich senatorische Standesgenossen, später zusätzlich auch Ritter waren. Sie hatten überwiegend gemeinsame Interessen mit den Angeklagten und waren ihnen nicht selten in Verwandtschaft oder Freundschaft verbunden.

Augustus hatte die Notwendigkeit erkannt, seine Amtsträger in den Provinzen zu kontrollieren, sollte der provinziale Friede gewahrt bleiben. Dazu trug auch deren Besoldung bei, die zwar nicht alle Kosten standesgemäßer Repräsentation deckte, aber für den Prokonsul von *Africa* immerhin 1 Mio. Sesterzen für sein Amtsjahr betrug. Der Rückgang der Repetundenprozesse seit dem 2. Jh. n. Chr. zeigt, dass die Maßnahmen des Augustus langsam griffen. Es bedeutet aber nicht, dass es nun keine korrupten Statthalter mehr gegeben hätte; Übergriffe werden die ganze Kaiserzeit über erwähnt. Doch besaßen die Kaiser nun ein wirksames Mittel, da die Karriere eines Senators und Statthalters gänzlich vom Gutdünken des Herrscher abhing. Kaiser Konstantin institutionalisierte schließlich die Beurteilung der Gouverneure durch die Provinziallandtage, indem er diese aufforderte, dem scheidenden Statthalter ein Zeugnis auszustellen: ihn entweder durch öffentliche Akklamationen und Statuen zu ehren oder Beschwerde beim Prätoriumspräfekten einzulegen.

Ein wichtiger Grund freilich, weshalb viele korrupte Statthalter nicht mit Konsequenzen für ihre Amtsführung zu rechnen hatten, lag darin, dass die Provinzen nur selten mit einer Stimme sprachen. In der Kaiserzeit mussten die Provinziallandtage einstimmig darüber entscheiden, ob ein Statthalter angeklagt werden sollte. Doch dieser hatte natürlich ganze Gemeinden oder mächtige provinziale Aristokraten zu Klienten, die dafür sorgten, dass es gar nicht erst zu einer Anklage kam. Die Rivalitäten und Feindschaften zwischen den provinzialen Städten und ihren Aristokraten waren oft mächtiger als der Konsens, gegen einen ungerechten oder raffgierigen Amtsträger vorzugehen.

Denn die einzelne Provinz war kein homogener politischer Raum, sondern blieb eine administrative Gliederungseinheit der imperialen Macht.

2. Ethnische Identität und provinziale Repräsentation: Die Provinziallandtage

Die römische Provinz als regulärer Amtsbezirk eines Statthalters war in der Regel ein künstliches Gebilde. Ihre Grenzen wurden im Gefolge der Expansion unter militärischen Gesichtspunkten gezogen. Militärische und später administrative Aspekte – besonders deutlich bei der Neuorganisation des imperialen Raumes durch Augustus und Diokletian – führten auch in der Kaiserzeit immer wieder zur Veränderung von Provinzgrenzen. Doch Rom stülpte die provinziale Ordnung aus Statthaltersitz, hierarchischer Organisation der Städte und Gemeinden sowie Gerichts- und Steuerbezirken seinen neuen Untertanen nicht einfach nur über; es versuchte seit der späten Republik, die Provinz zum Orientierungsrahmen auch seiner Bewohner zu machen. Diesem Ziel dienten die im Westen *commune* bzw. *concilium*, im Osten *koinón* genannten Provinziallandtage, die die Provinzialbevölkerung repräsentieren sollten. Dabei setzte Rom eine griechische, etruskische und italische Tradition fort, in der föderale Städte- oder Stammesbünde, die sich zu kultischen oder politischen Zwecken zusammengeschlossen hatten, seit jeher eine wichtige Rolle spielten, und organisierte diese neu. Der Provinziallandtag trat in einigen Provinzen am Statthaltersitz zusammen, in anderen Provinzen in einer weiteren angesehenen Stadt, so in *Macedonia* nicht am Statthaltersitz Thessalonike, sondern in Beroia. In *Asia*, *Bithynia*, *Galatia* und *Cilicia* rotierte der Landtag zwischen den bedeutendsten Poleis der Provinz, die untereinander um die Führungsposition stritten. Die Städte entsandten, ihrer Größe entsprechend, Abgeordnete zum Landtag, der einmal im Jahr tagte und große Festspiele ausrichtete; dabei wurden für ein Jahr der Provinzialpriester als oberster Repräsentant der Provinz und andere Amtsträger gewählt.

Die Aufgaben der Provinziallandtage bestanden zum einen im Kult des regierenden Kaisers und seiner vergöttlichten Vorgänger, zum anderen in der Ehrung oder gerichtlichen Verfolgung der scheidenden römischen Amtsträger. Der Landtag verlieh so der Provinz eine Stimme, die bedingungslose Loyalität gegenüber dem Kaiserhaus und bedingten Respekt vor dem Statthalter zum Ausdruck brachte. Doch auch in politischen Angelegenheiten konnte sich der Landtag direkt an den Kaiser wenden: So bat das *concilium* der drei gallischen Provinzen Kaiser Claudius um die Aufnahme seiner vornehmsten römischen Bürger in den Senat, oder der Landtag von *Bithynia* wandte sich wegen der Einschüchterung appellationswilliger Bürger durch die Statthalter und Prokuratoren an Severus Alexander.

Während in der hohen Kaiserzeit hauptsächlich die Städte, weniger die Provinziallandtage, mit dem Kaiser durch Gesandtschaften Verbindung pflegten, änderte sich dies in der Spätantike. Nun waren die *concilia* der zahlreichen verkleinerten Provinzen Adressaten der kaiserlichen Reskripte, nicht mehr die Städte des Reiches, worin sich der politische Bedeutungsverlust der Gemeinden widerspiegelte. Auch hatten sich die Aufgaben der Provinziallandtage zum Teil geändert: Der Kaiserkult verlor im Laufe des 4. Jh.s rasch an Bedeutung, so dass davon nur noch die prächtigen Gladiatorenkämpfe und Theaterspiele übrig blieben. Die Landtage wurden nun stärker in die politische Administration der Provinz einbezogen, wodurch sie ihre Position neben der Provinzialverwaltung der römischen Amtsträger, die sie in der hohen Kaiserzeit innegehabt hatten, verloren: Sie wurden zum ausführenden Organ der Reichsadministration.

Die römischen Kaiser hatten seit Augustus versucht, neben den städtischen Selbstverwaltungseinheiten auch den Provinzen eine für ihre Bevölkerung identitätsstiftende Funktion zuzuweisen, wobei der Kaiserkult die wichtigste Rolle spielte. Existierten in einigen griechischen Provinzen wie *Sicilia*, *Asia* und *Bithynia* solche Landtage bereits seit hellenistischer Zeit, so entstanden diese vor allem in den westlichen Provinzen neu, nicht selten als Ausdruck von Loyalität auf Initiative der Provinzialbewohner. Doch stellt sich die Frage, ob die erwünschte provinziale Orientierung ältere ethnische oder politische Identitäten verdrängen konnte und, damit zusammenhängend, wen die von den Städten der Provinz gewählten Abgeordneten eigentlich repräsentierten.

Die Abgeordneten der Provinziallandtage stammten aus der städtischen Elite, die im Rat versammelt war. Die Provinziallandtage stellten eine Versammlung von Notabeln dar, die eine provinziale Aristokratie bildeten und diese Bühne in gegenseitiger Rivalität zur Standesrepräsentation benutzten. Eine provinzbezogene Identität lässt sich nur dort feststellen, wo die Provinz aus einem ethnischen Verband hervorgegangen war wie 43 n. Chr. in Lykien. Als dann *Lycia* mit *Pamphylia* zu einer Provinz zusammengelegt wurde (72), unterhielt jede Region weiterhin ihr eigenes Koinon, wie dies von Anfang an in *Pontus et Bithynia* der Fall war. So existierten in einigen Provinzen mehrere Landtage, die ihre traditionelle, meist ethnische Zusammensetzung bewahrt hatten. Diese konnte auch provinzübergreifend wirksam sein wie in Pontos, dessen Koinon zeitweise Städte aus drei Provinzen umfasste. Andererseits setzte Rom den Provinziallandtag auch gezielt zur Schaffung neuer Identitäten ein, was vor allem in den westlichen Provinzen der Fall war. Als Gallien in drei Provinzen aufgeteilt wurde, erhielten diese nicht jeweils einen eigenen Provinziallandtag, sondern in Lyon wurde für alle drei Provinzen ein *concilium Galliarum* eingerichtet. Dieses hat im Laufe der Zeit neben den stammesbezogenen Identitäten eine ‹nationale› gallische Identität wachsen lassen, die es vorher nicht gab.

Eine ‹nationale› Identität dagegen besaßen «die Griechen» bzw. diejenigen, die eine griechische Abstammung für sich in Anspruch nahmen und eine entsprechende Lebensweise pflegten. Dem entsprach freilich nur am Anfang eine genuin griechische Landschaft, die die Römer später als Provinz *Achaia* nannten, doch nie ein griechisches Gemeinwesen, denn vor dem 19. Jh. gab es keinen griechischen Staat. Die Identität «der Griechen» aus den zahllosen, miteinander verfeindeten und inzwischen über die ganze Oikumene zerstreuten Poleis gründete in einer gemeinsamen Sprache und literarischen Tradition, städtisch-politischen Kultur und Lebensweise, die auf eine gemeinsame Abstammung zurückgeführt und durch Gründungsmythen, Genealogien und Kulte beglaubigt wurde («Hellenismus»). Diese griechische Kultur, die sich über die Kolonisation und den Alexanderzug verbreitete, hatte auch bei zahlreichen «Barbarenvölkern» Eingang gefunden und war ‹kosmopolitisch› geworden. Sie prägte als konkurrenzlos herrschende Kultur auch die Entwicklung Roms von Anfang an. Mit dem Eingreifen Roms in der hellenistischen Welt verloren die griechischen Gemeinwesen zwar ihre politische Macht, nicht aber ihren kulturellen Einfluss. Dem hatte auch Rom nur wenig entgegenzusetzen, was nicht zuletzt daran deutlich wird, dass sich das Lateinische weder als Sprache noch als Schrift in der griechischen Welt durchsetzen konnte. Rom beließ daher seine hellenistische Peripherie weitgehend intakt, und Hadrian verstärkte sogar die griechische Identität, indem er in Athen 131 n. Chr. das Panhellenion gründete, einen Bund griechischer Städte und Koina, der die kultische Tradition der Griechen und den Kaiserkult pflegte und panhellenische Festspiele ausrichtete.

Anders als im griechischen Kernland, waren die kolonisierenden und erobernden Griechen in den Städten Makedoniens, Thrakiens, Kleinasiens, des Vorderen Orients und Ägyptens nie mehr als eine herrschende Oberschicht gewesen, die einen Teil der lokalen Aristokratie integrierte. Die von ihnen unterworfene indigene Bevölkerung lebte entweder als Stammesorganisation außerhalb ihrer Siedlungsgebiete oder als Landbevölkerung ohne Bürgerrecht auf dem Territorium ihrer Städte. Dass der Provinziallandtag von *Asia* oder *Bithynia* «Koinon der Hellenen von *Asia*» bzw. *Bithynia* hieß, zeigt, dass viele Provinziallandtage in den östlichen Provinzen nicht ihre indigene Bevölkerung repräsentierten. Deren ethnische Identitäten freilich gingen nicht ganz zugrunde, denn zahlreiche ihrer Sprachen – wenn auch nicht die Schriftsysteme – überlebten bis zum Ende der Antike. Die römischen Provinzen wurden auf ihren Landtagen also von einer romorientierten städtischen Aristokratie repräsentiert, deren Lebensstil längst hellenisiert bzw. im Westen romanisiert war. Städtische Unterschichten sowie die indigene Landbevöl-

kerung besaßen – nicht zuletzt aus sprachlichen Gründen – eine
viel größere Distanz zur römischen Herrschaft als die Eliten.

3. Provinziale Loyalität: Rom- und Kaiserverehrung

Das Imperium Romanum war in den Provinzen nicht nur durch
das Militär und die Amtsträger präsent; es drang auch in die
religiöse Welt seiner Untertanen ein. Seit dem Beginn des 2. Jh.s
v. Chr. richteten in der griechischen Welt Städte wie Sardeis oder
Pergamon und Städtebünde wie das Koinon der Lykier Opfer
und Festspiele zu Ehren der *Dea Roma*, der als Göttin personifi-
zierten Stadt Rom, aus. Smyrna hatte der *Roma* einen Tempel
errichtet, und Milet verband ihren Kult mit dem des *populus
Romanus*. In anderen Städten opferte und betete man für «den
Sieg und die Vorherrschaft des römischen Volkes» (*Sylloge Inscriptionum Graecarum* 747). Gleichfalls seit dem 2. Jh. wurden römische Feldherren und später Statthalter mit kultischen
Ehren bedacht. Der Kult des Titus Quinctius Flamininus, der
nach seinem Sieg über Philipp V. von Makedonien (197) in einer berühmten Rede bei den Isthmischen Spielen 196 in Korinth
allen Griechen die «Freiheit» gewährt hatte, wurde noch
300 Jahre später in manchen Städten vollzogen. Andere fielen
dagegen schneller dem Vergessen anheim, oft aus politischen
Gründen. Die Städte verehrten einzelne römische Machthaber
als «Wohltäter» (*euergétēs*), «Retter» (*sōtēr*) oder «Stadtgrün-
der» (*ktístēs*). Dabei wurden ihnen von den städtischen Gre-
mien «göttergleiche Ehren» beschlossen, wozu ein Altar gehörte, so dass sich ihr Kult in der Praxis kaum vom Kult der
traditionellen städtischen Gottheiten unterschied.

«Herrschen heißt, die Macht eines Gottes zu besitzen», lautete ein griechisches Sprichwort (Artemidor 2,36). Darin liegt ein
Schlüssel zum Verständnis des Herrscherkultes, der nicht erst
mit den Römern einsetzte, sondern eine verbreitete Institution
bereits in hellenistischer Zeit gewesen ist, wo er den Monarchen
galt. Der Übermacht eines Alexanders und seiner Nachfolger
oder der Übermacht Roms begegneten die unterworfenen Gemeinwesen, die sich mit den neuen Herren abfinden mussten,

indem sie diese in ihren religiösen und politischen Kosmos integrierten. Denn diese externen Mächte waren ihr Schicksal. In Form des Kultes wurde der Herrscher vergegenwärtigt, man konnte mit ihm in Verbindung treten und ein gegenseitiges, wenn auch asymmetrisches Verhältnis begründen. Die «fromme Scheu» (*pietas*), die Griechen und Römer ihren Göttern entgegenbrachten, übertrugen sie auf die kultisch verehrten Machthaber, was das Fundament ihrer Loyalität bildete. Der Eid, der eine Selbstverfluchung implizierte, verstärkte dieses Band.

Dem widerspricht nicht, dass die Einrichtung solcher Kulte politisch motiviert war. Dadurch wurde Loyalität bekundet, und die unberechenbaren Machthaber konnten im Vorhinein günstig gestimmt werden. So haben gegen Ende der Republik immer mehr römische Imperatoren und Statthalter in den Provinzen kultische Ehrungen noch vor dem Ende ihrer Amtszeit oder gar zu deren Beginn erhalten. Das änderte sich erst mit der Kaiserzeit, denn Augustus beließ den Statthaltern nur noch die gewöhnlichen Ehrungen in Form von Statuen und Ehrendekreten, die freilich erst 60 Tage nach Verlassen der Provinz beschlossen werden durften. Sie besaßen keine religiöse Dimension mehr.

Der hellenistische Herrscherkult, der den griechischen Monarchen und römischen Machthabern gegolten hatte, wurde von Augustus für das Kaiserhaus reserviert. In Rom setzte der Kaiserkult mit der Vergöttlichung Caesars nach dessen Tode ein; der Verstorbene war *divus*. In Italien und in den römischen Kolonien und Munizipien außerhalb Italiens erhielten nur die nach ihrem Tode vergöttlichten Kaiser – das waren längst nicht alle – und einzelne Mitglieder der Kaiserfamilie einen Kult als Gott mit Tempel und Priester: Im gallischen Vienne etwa steht heute noch der Tempel für *Divus Augustus* und seine Frau *Diva Augusta*. Der lebende Kaiser und die Mitglieder seiner Familie wurden nicht als Gottheit verehrt, aber man betete zu den Göttern für ihr Heil und ihre Unversehrtheit. Anders sah dies in den meisten Provinzen aus. In den Städten und Provinziallandtagen wurde – oft auf Initiative der provinzialen Eliten – ein Kult auch des lebenden Kaisers eingerichtet; der des verstorbenen Kaisers spielte in der griechischen Welt hingegen keine Rolle. Dabei opferte man entweder einer Stadtgottheit für das Wohl des Kaisers oder auch dem Kaiser selbst als einer göttlichen Macht. Die Kaiser bekamen eigene Tempel oder wurden gemeinsam mit einer anderen Gottheit in städtischen Heiligtümern verehrt, in denen sie einen Schrein und Altar erhielten.

In Rom versuchte man, die verschiedenen Initiativen der Provinzialen zu koordinieren. Augustus gestattete den Statthaltersitzen von *Asia* und *Pontus et Bithynia*, Ephesos und Nikaia, einen provinzialen Kaiserkulttempel für *Roma* und *Divus Iulius* zu errichten; er selbst wollte nur in Verbindung mit *Roma* verehrt werden; provinziale Tempel wurden etwa in Pergamon, Nikomedia, Ankara und Lyon für *Roma et Augustus* errichtet. An diesen provinzialen Kaiserkultstätten, die bald in jeder Provinz zu finden waren, in manchen Provinzen auch mehrere, tagte reihum der Provinziallandtag. Daneben entwickelte sich der Kaiserkult auch in den Städten des Reiches. Überall gab es Priester lebender oder verstorbener Kaiser und auch dynastischer Kulte. Die Formen der Kaiserverehrung waren vielfältig, aber sie fügten sich in das Kultgeschehen der jeweiligen Stadt ein.

Der Kaiserkult diente freilich nicht nur der Herrscherverehrung. Er bot auch ein Forum für den Wettstreit der lokalen Eliten um Rang, Einfluss und Kaisernähe, und die Priesterämter im Kaiserkult förderten die städtische und provinziale Karriere der Notabeln. Auch die Städte einer Provinz wetteiferten dabei um Status und Vorrang. So entsandten 11 Poleis der Provinz *Asia*, die einen Kaisertempel für Tiberius errichten wollten, Gesandtschaften an den Senat, um ihre Stadt als Standort zu empfehlen; nach langen Reden setzte sich schließlich Smyrna mit den besseren Argumenten durch, nicht zuletzt mit dem Verweis auf seine besondere Loyalität zu Rom in den vergangenen 200 Jahren.

Diese Form der Kaiserverehrung war nicht nur eine Angelegenheit der städtischen Aristokratie, die ihre Loyalität Rom gegenüber demonstrieren wollte. Denn neben dem Opfer und dem Gebet gehörten dazu Prozessionen und Festspiele, an denen in der Regel die gesamte Bevölkerung teilnahm. Sie defilierte gegliedert nach Priestern, Magistraten, politischen Körperschaften, Kult- und Berufsgenossenschaften, Altersklassen beiderlei Geschlechts und dem ungegliederten Rest des Demos vorüber, wobei diese Prozessionsgruppen häufig auch die Opfergemeinschaften bildeten. Bei der Prozession wie bei der Sitzordnung im Theater, im Stadion oder in der Arena wurde die soziale Ordnung der Gesellschaft abgebildet und reproduziert. Das gilt auch für die öffentlichen Bankette und Geldverteilungen, die städtische Wohltäter anlässlich der Kaiserfeste und der traditionellen Götterfeste, die oft miteinander verbunden waren, vornahmen. In diese traditionellen städtischen Rituale integrierte man die Verehrung Roms und seiner Kaiser bruchlos, wobei in den Prozessionen die vier grundlegenden politischen Orientierungen der kaiserzeitlichen Stadt symbolisiert wurden: die städtische Schutzgottheit, die römische Herrschaft, die politische Ordnung der Stadt und deren Tradition in Form von Gründerfiguren.

Die gesamte Bevölkerung nahm an den Spielen teil, die mit den Götter- und Kaiserfesten verbunden waren. Dazu gehörten musische und athletische Wettkämpfe (Agone), aber auch die in der Kaiserzeit sich großer Beliebtheit erfreuenden Gladiatorenkämpfe und Tierhetzen. Zu diesen Anlässen wurden die zum Tod in der Arena verurteilten ‹Verbrecher›, gelegentlich auch Christen, hingerichtet. Der Provinzialpriester, der die Spiele gab, war Vorsitzender, der Statthalter und andere römische Amtsträger wohnten dem Spektakel bei. Im Rahmen solcher Festspiele konnte die versammelte Provinzialbevölkerung durch skandierte Akklamationen ihren Beifall oder ihr Missfallen zum Ausdruck bringen, gerade auch gegenüber den Vertretern der römischen Macht.

Wie in Rom, so veränderte sich auch in den provinzialen Städten durch die Verehrung des Kaiserhauses die städtische Topographie. Die Kaisertempel, Schreine und Statuen an den zentralen öffentlichen Plätzen, dem Forum, dem Theater, dem Stadion (Circus), dem Amphitheater (Arena), den Thermen und den Gymnasien, prägten das Gesicht der Stadt. Sie bildeten auch wichtige Stationen, an denen die Prozessionen halt machten, wodurch eine romorientierte ‹Lesart› der städtischen Tradition und des städtischen Selbstverständnisses zum Ausdruck gebracht wurde. Doch nicht nur der städtische Raum, auch die Zeit wurde neu strukturiert. In der Antike gab es keine allgemein verbindliche Zeitrechnung. Die Kalender und die Jahreszählung unterschieden sich zum Teil von Stadt zu Stadt. Noch ganz in hellenistischer Tradition stand die Praxis vieler Städte, ihre Jahreszählung als Ära mit der «Befreiung» oder «Gründung» ihrer Stadt durch einen römischen Machthaber, etwa durch Pompeius oder Augustus, beginnen zu lassen. *Galatia* hatte eine Provinzialära, die mit der Einrichtung der Provinz 25 v. Chr. einsetzte. In *Aegyptus* wurde nach den Regierungsjahren des regierenden Kaisers datiert. Doch nicht nur die Jahreszählung, auch die städtischen und provinzialen Kalender veränderten sich unter der römischen Herrschaft. Die Feste des Kaiserhauses, die über das ganze Jahr verteilt waren, prägten den städtischen Kalender. Die Provinz *Asia* beschloss, ihr Kalenderjahr mit dem Geburtstag des Augustus am 23. September beginnen zu lassen. Und jedes Jahr leisteten alle Provinzbewohner – Soldaten, römische Bürger und Peregrine – am 3. Januar gemeinsam mit dem Statthalter einen Eid auf die kapitolinische Trias (*Iuppiter*, *Iuno*, *Minerva*), das Kaiserhaus und die «Ewigkeit der römischen Herrschaft».

Die Präsenz des Herrschers wurde noch dadurch gesteigert, dass sein Bildnis (*imago*) allgegenwärtig war. Die Münzen der römischen «Reichsprägung» in Gold, Silber und Bronze wie der Bronzeprägung der griechischen Städte («Provinzialprägung») trugen auf der Vorderseite das Bildnis des Kaisers, zuweilen auch anderer Angehöriger der Kaiserfamilie. Sie waren das am meisten verbreitete Massenmedium der Antike, das die Kaiser dazu benutzten, auf den Münzrückseiten politische Botschaften reichsweit zu verbreiten. Unzählige Kaiserportraits waren über das ganze Römische Reich hinweg verteilt: In vielen Tempeln, auf öffentlichen Plätzen und in Privatgrundstücken standen Kaiserstatuen, in den Amtsgebäuden in Rom und den Provinzen sowie in Privathäusern Kaiserbüsten. An den Legionsadlern und Standarten waren Kaiserbildnisse befestigt. Gemalte Bilder und

Büsten gab es auch in den Tavernen, Wechselstuben, Läden und Markthallen.

Die *imago* des Kaisers war sakrosankt. Im Bildnis wirkte die kaiserliche Majestät (*maiestas*), seine göttliche Macht (*numen*). «Wer nun das Bildnis verehrt (*proskýnein*), verehrt in ihm auch den Kaiser; dessen Gestalt und Wesen ist nämlich das Bildnis» (Athanasios, *Gegen die Arianer* 3,5,5). Die Münzen mit dem Kaiserportrait mussten akzeptiert und konnten nicht zurückgewiesen werden. Kaiserbildnisse und Kaiserstatuen waren Asylorte, wo selbst flüchtige Sklaven Schutz genossen. Die Statuen und Bildnisse durften nicht einfach entfernt oder gar beschädigt werden; wer Bildnisse vergöttlichter Kaiser respektlos behandelte, konnte des Hochverrats angeklagt werden.

Das kaiserliche Bildnis und die zahlreichen Zeremonien des Kaiserkultes vergegenwärtigten einen fernen Kaiser, den die allermeisten Provinzbewohner nie in ihrem Leben zu Gesicht bekamen. Dafür erhielten einzelne Städte und dörfliche Gemeinden, Vereine und hochstehende Personen manchmal ein kaiserliches Reskript, das auf Bittschriften hin erfolgt war. Enthielten diese Schreiben eine Privilegierung, wurden sie nicht selten auf Marmorstelen öffentlich publiziert. Auch diese «heiligen Schreiben» (*sacrae litterae*) suggerierten die Gegenwart eines abwesenden Kaisers. Sollte dieser aber einmal tatsächlich eine Provinz besuchen, wurde ihm dort ein zeremonieller Empfang bereitet (*adventus*), der als «Einholung des Herrschers» aus zahlreichen vormodernen Kulturen bekannt ist.

Der Kaiserkult verschwand nicht sofort mit der Etablierung des Christentums seit Konstantin. Verboten wurden nur die Opfer. Doch verlor er im Laufe des 4. Jh.s an Kraft, weil sich die kulturellen Bedingungen geändert hatten. Die Aristokratie im Reich und in den Städten fand zeitgemäßere Formen, ihre Wohltätigkeit zu demonstrieren, etwa in der Stiftung von Kirchen. Der christliche Kaiser wuchs zunehmend in die Position des irdischen Stellvertreters seines himmlischen Monarchen. Er legitimierte sich jetzt als Hüter der Orthodoxie, weshalb die Kaiser seit dem späten 4. Jh. auch nicht mehr als *pontifex maximus* amtierten. Den Reichsbewohnern aber stand mit dem christ-

lichen Glauben, der bald reichsweit verordnet wurde, eine noch
mächtigere ‹Reichsreligion› zur Verfügung, als sie der Kaiserkult je gewesen war.

4. Integration und Partizipation:
Bürgerrecht und sozialer Aufstieg

Das antike Bürgerrecht war grundsätzlich ein städtisches Bürgerrecht. Ein Reichsbürgerrecht existierte zwar faktisch in der
römischen Kaiserzeit, doch hielt Rom bis zuletzt an der Fiktion
fest, dass das Imperium Romanum eine Stadt war. So betrachtet, hatte Rom schließlich alle peregrinen Städte ‹eingemeindet›.
Nicht alle provinzialen Untertanen Roms besaßen jedoch überhaupt das Bürgerrecht einer Gemeinde, etwa die ländliche Bevölkerung auf dem Territorium vieler Städte Kleinasiens und
des Orients. Auch ein Großteil der Ägypter lebte, wie viele syrische Bauern, in nicht selten großen «Dörfern», die aber nicht
über den Status einer Polis verfügten. Aus römischer Sicht ‹unzi-
vilisierte› Stämme in den Alpen oder Afrika wurden als abhän-
gige Gemeinwesen anderen Städten «attribuiert», ohne deren
Bürgerrecht zu erhalten. Nach römischer Auffassung aber konnte das römische Bürgerrecht nur erhalten, wer bereits ein Bürgerrecht in seiner Heimatgemeinde hatte. In der Kaiserzeit
musste deshalb ein Ägypter zuerst einmal das Bürgerrecht der
Stadt Alexandria erwerben, um dann das römische erhalten zu
können.

Die römische Bürgerrechtsvergabe war also eng an den Status
der Gemeinden geknüpft; individuelle Bürgerrechtsverleihungen waren ein Phänomen erst der späten Republik. Zu Beginn
seiner Expansion im legendendurchwirkten 5. und 4. Jh. v. Chr.
integrierte Rom eroberte Territorien durch Annexion, wobei
nicht alle römischen Neubürger auch das politische Stimmrecht
erhielten. Als die Expansion immer rascher voranschritt, ver-
zichtete man auf weitere Annexionen und schuf den Typus der
‹Provinz›. Dass die latinischen und italischen Bundesgenossen
zwar zur Hälfte die Last der römischen Expansion trugen, dafür
aber nicht durch Integration in den römischen Staat belohnt

wurden, führte letztlich zum «Bundesgenossenkrieg», mit dem die Aufnahme in den Bürgerverband gewaltsam erzwungen wurde (91–89). Auch sonst geizte Rom in republikanischer Zeit mit Bürgerrechtsverleihungen; selten nur erhielten verdiente Hilfstruppenkontingente in den westlichen Provinzen für ihre Tapferkeit und Loyalität das begehrte Privileg. Nur gegenüber seinen Sklaven zeigte sich Rom in historisch einzigartiger Weise großzügig: Freigelassene Sklaven wurden römische Bürger und verloren in der nächsten Generation den Makel des Freigelassenenstatus.

In republikanischer Zeit profitierte von der Bürgerrechtsvergabe im wesentlichen Italien, das bis 42 v. Chr. einheitliches Bürgergebiet geworden war. In den ersten beiden Jahrhunderten der Kaiserzeit lassen sich dann drei Gruppen unterscheiden, die systematisch in die Bürgerrechtsvergabe einbezogen wurden. Dies waren erstens die Soldaten der Hilfstruppen, die seit Claudius bei ehrenvoller Entlassung für sich, ihre Konkubinen (sie konnten in der Dienstzeit keine rechtmäßige Ehe eingehen) und ihre Kinder das römische Bürgerrecht verliehen bekamen, womit die nachträgliche oder zukünftige Anerkennung ihrer Verbindung (sie durften auch eine Nichtrömerin heiraten) als Ehe römischen Rechts verbunden war (*conubium*). Diese Privilegien wurden ihnen in einer Bürgerrechtsurkunde bestätigt, dem heute so genannten «Militärdiplom». Zweitens erhielten in den westlichen Provinzen ganze Gemeinden kollektiv das römische Bürgerrecht und im Reich diejenigen peregrinen Städte, die zur Kolonie erhoben wurden. Die dritte Gruppe bildeten die städtischen Aristokraten. Ihnen wurde einzeln das Bürgerrecht übertragen, wenn sie in das römische Heer oder in die zivile Reichsadministration eintraten. Kollektiv erlangten sie in den Munizipien der westlichen Provinzen das Bürgerrecht: In solchen latinischen Rechts wurden alle Magistrate nach Ablauf ihrer Amtszeit automatisch römische Bürger, in den Munizipien mit erweitertem latinischen Recht auch alle Ratsmitglieder (*decuriones*).

Die Vorteile, die das römische Bürgerrecht den Provinzialen verschaffte, waren symbolischer und praktischer Art. Sie verlo-

ren den ‹Makel› der Zugehörigkeit zur unterworfenen Bevölkerung und erwarben die Anerkennung als Mitglied der herrschenden Gesellschaft. Jetzt gehörten sie dem römischen Rechts-
kreis an, was sowohl in zivilrechtlicher wie in strafrechtlicher
Hinsicht mit Vorteilen verbunden war. Ihnen standen nun die
römischen Formen der Eheschließung, der Testamentserstel-
lung, der Vormundschaft, der Adoption sowie das römische
Vertrags- und Schuldrecht zur Verfügung, was die privaten
Rechtsgeschäfte erheblich vereinfachte. Von den strafrechtli-
chen Privilegien war bereits die Rede.

Die Verleihung des Bürgerrechts stellte aus römischer Sicht
eine Belohnung für die geleisteten Dienste dar; dabei wurden die
provinzialen Eliten, auf deren Kooperation Rom angewiesen war,
bevorzugt. Als Caracalla dann das Bürgerrecht 212 reichsweit
verlieh, besaß der aus römischer Sicht ‹lohnende› Teil der peregrinen Bevölkerung (*honestiores*) längst das römische Bürgerrecht, nicht nur die provinziale Aristokratie, sondern in Teilen
auch die einfache Bevölkerung: Hunderttausende von Auxiliar-
veteranen und deren Nachkommen waren römische Bürger geworden.

In einer Hinsicht stellten sich die provinzialen Neubürger
schlechter als die römischen Bürger Italiens. Konnte Cicero
noch sagen, dass kein Römer zwei «Vaterländer» (*patriae*), also
zwei Bürgerrechte (*civitates*) haben dürfe, so hatte sich in der
Kaiserzeit zunächst faktisch und dann rechtlich die Doppelbür-
gerschaft – in der provinzialen Heimatgemeinde (*origo*) und in
Rom – durchgesetzt. Denn andernfalls hätte Rom nur Nachteile
von seiner Bürgerrechtsverleihung gehabt: Die Neubürger hätten als Nur-Römer keine Steuern bezahlt, wären aber – wie die
Senatoren provinzialer Herkunft – aus ihrer Heimatgemeinde
ausgeschieden und hätten dort ebenfalls keine Steuern und
Dienste mehr geleistet. Deshalb achteten die Kaiser darauf, dass
die Bürgerrechtsvergabe nichts an den Verbindlichkeiten gegenüber der Heimatgemeinde änderte, und auch die Höherstufung
peregriner Städte zu römischen Kolonien war mit der Beibehal-
tung der städtischen Abgaben- und Dienstpflicht gegenüber
Rom verbunden.

Als in der Spätantike Rom nicht mehr expandierte und Territorien annektierte, sondern die «Barbaren» jenseits der Grenzen ins Reich drängten und dort zum Teil auch angesiedelt wurden, erhielten sie kein römisches Bürgerrecht. Dieses bildete längst kein Statusmerkmal mehr. Die Germanen wollten zwar am Imperium teilhaben, doch nicht in ihm aufgehen; sie siedelten sich als geschlossene Verbände an. Diese Segregation war sowohl im Sinn der römischen Kaiser und Heermeister, die ihre Ansiedlung nur als vorläufig betrachteten und sie als potentiellen inneren Feind so besser kontrollieren konnten, als auch im Interesse der germanischen Fürsten, deren Führungsposition ganz auf einem geschlossenen und jederzeit mobilisierbaren Gefolgschaftsverband beruhte. Hatten die Kaiser Ehen zwischen Römern und «Barbaren» verboten, so untersagten später die Könige der West- und Ostgoten ihrerseits Heiraten mit den Provinzialrömern.

Die Verleihung römischer Stadt- und Bürgerrechte war nur ein, wenn auch ein sehr wichtiges Privileg, das Rom zu vergeben hatte. Diese verbreiteten sich in den lateinischsprachigen Provinzen des Reiches wesentlich schneller als im hellenisierten Osten. Das lag zum einen daran, dass im Westen die meisten Städte erst auf römische Initiative hin gegründet wurden und deshalb auch eine römische Rechtsform erhielten. Auf der anderen Seite aber war die griechische Poliswelt so sehr in ihren Traditionen verhaftet und fühlte sich zivilisatorisch nach wie vor den Römern so überlegen, dass hier das Interesse an römischen Stadtrechten kaum eine Rolle spielte.

Für die Poleis waren andere Privilegien wichtiger. Sie lagen oft untereinander im Wettstreit um den Vorrang innerhalb der Provinz, und dieser bemaß sich danach, welche Polis Statthaltersitz war, den Provinziallandtag beherbergte, Konventstadt war, die meisten Kaisertempel besaß, den Titel ‹Metropolis› erhielt oder – seit der Severerzeit – Titularkolonie wurde. Ihr Rang drückte sich nicht nur darin aus, welche Stadt die Prozession bei den provinzialen Festspielen anführte oder vom Statthalter besucht wurde. All diese Rangmerkmale wurden als Titel in die Stadttitulatur aufgenommen, die die offiziellen Dokumente, die

Monumente und die eigenen Münzen zierte. Dieser Wettstreit setzte sich in der Spätantike unter anderen Vorzeichen fort, nämlich um die Rangfolge der Bischofssitze innerhalb einer Provinz und um den Sitz des Metropoliten. Darin kam ein Kampf um Kaisernähe zum Ausdruck, der zugleich der Bekräftigung städtischer Identität und der Repräsentation der lokalen Aristokraten diente. Alle Städte im Reich schließlich versuchten, Privilegien vom Kaiser zu erhalten, die ihren Status gegenüber Rom verbesserten: die Befreiung von Steuern, Zöllen und Sachleistungen.

Die Verleihung des römischen Bürgerrechts an die provinzialen Notabeln bedeutete keineswegs, dass diese nun alle in den Reichsdienst strömten. Viele begnügten sich mit einer städtischen oder provinzialen Laufbahn. Andere stiegen über die römischen Richterbänke oder durch ihren Militärdienst in den Ritterstand auf. Sie dienten als Kommandeure der Kohorten und Alen, wobei sie in der Regel drei oder vier mehrjährige Kommandostellen bekleideten. Auch danach kehrten manche wieder in ihre Heimatgemeinden zurück, wo sie nun einen Rang über den provinzialen Aristokraten einnahmen. Andere wechselten in die Prokuratorenlaufbahn des kaiserlichen Dienstes, und einige wenige von ihnen erreichten am Ende ihrer Karriere die einflussreichsten ritterlichen Posten im Reich, die Prätorianerpräfektur oder die Statthalterschaft von *Aegyptus*. Manche der im Reichsdienst tätigen Ritter provinzialer Herkunft wurden auch zu Senatoren ernannt. Da seit Augustus der Senatorenstand erblich geworden war, rekrutierte dieser sich aus den eigenen Reihen. Nur der Kaiser konnte aus dem Ritterstand Senatoren ernennen, und so verdankten alle Senatoren, die einmal römische Ritter gewesen sind, ihm ihre Würde; das betraf alle Senatoren provinzialer Herkunft. Dabei stießen, wie der Streit unter Kaiser Claudius über die Aufnahme gallischer Aristokraten in den Senat lehrt, Senatoren aus den Provinzen anfangs auf erheblichen Widerstand bei ihren italischen Kollegen. So dauerte es eine Zeit lang, bis auch Senatoren aus den Provinzen den Senat füllten. Insgesamt betrachtet war gegen Ende des 2. Jh.s die Integration der provinzialen Eliten in den Reichsdienst vollzogen – die Provinzialen wurden nun von Statthaltern provinzialer Herkunft regiert.

5. Schutzherrschaft: Römische Patrone und provinziale Klienten

Für die Römer war es seit jeher selbstverständlich, dass Personen, die über wenig Besitz, Einfluss und Ansehen verfügten, sich Patrone suchen mussten, um ihre Anliegen durchsetzen zu können, denn hier half kein Staat. Umgekehrt brauchten die Patrone aus den unterschiedlichsten Gründen die Gefolgschaft und Unterstützung ihrer Klienten. In der *clientela* hatte Rom diese Form der asymmetrischen, aber reziproken Beziehung formal institutionalisiert, doch gab es darüber hinaus noch zahlreiche weitere Patronageverhältnisse, die nicht als solche bezeichnet wurden. Denn in der Antike sprach man von Patronen und Klienten nur, wenn ein gesellschaftlicher Klassenunterschied bestand wie zwischen einem Senator und einem Angehörigen der nichtaristokratischen Bevölkerung (*plebs*). Freilich existierte Patronage auch innerhalb einer gesellschaftlichen Klasse, etwa dem Senatorenstand, wo Alter und Herkunft, die bekleideten Ämter (*honores*) und das Ansehen (*auctoritas*) den Rang eines Senators (*dignitas*) festlegten; hier redete man dann nicht von Klientel, sondern von Freundschaft (*amicitia*). Doch war in beiden Fällen klar, dass der Patron seinem Klienten oder ‹Freund› eine «Wohltat» (*beneficium*) erweist, die diesen zu einer Gegenleistung verpflichtet (*officium*). Dies war kein «Gabentausch», wie ihn Marcel Mauss beschrieben hat, denn ein Klient konnte nie zum «Wohltäter» werden.

Für Seneca ging es bei der Patronage um vier grundlegende Lebensbedürfnisse: *vita, libertas, pecunia, honores* (*De beneficiis* 1,11,2 ff). Die Schwächeren suchen zum Überleben Schutz bei mächtigen Patronen; die politisch Unterdrückten oder Versklavten folgen demjenigen, der ihnen die Freiheit verschafft; die Mittellosen und Verschuldeten suchen sich einen reichen Patron, der ihnen Kredit gewährt; die Einflusslosen und Ambitionierten schließlich vertrauen sich demjenigen an, der ihnen

Rangpositionen vermittelt und ihren Aufstieg unterstützt. Mit anderen Worten: Fast alle Felder des sozialen Lebens in hierarchisch organisierten Gesellschaften, die nicht durch Familien- und Verwandtschaftsbeziehungen geregelt sind, und damit fast alle gesellschaftlichen Abhängigkeitsverhältnisse, weisen eine Disposition für Patronage auf. Dem kann eine Gesellschaft nur durch die politisch gewollte Gleichheit ihrer Bürger oder Familienvorstände begegnen, wie dies im demokratischen Athen der Fall war, nie jedoch in Rom und fast allen anderen vormodernen Gesellschaften.

Patronage war freilich nicht nur der soziale ‹Kitt›, der die Gesellschaft im Inneren zusammenhielt und die ‹Innenpolitik› prägte. Die Mobilisierung von Klienten oder Patronen zur Durchsetzung persönlicher Interessen und politischer Ziele bestimmte auch die ‹außenpolitischen› Aktivitäten Roms, dessen ‹Diplomatie› wesentlich auf persönlichen Beziehungen beruhte. Da Rom als expandierendes Imperium keine Gemeinwesen als ebenbürtig anerkannte, waren seine auswärtigen Beziehungen trotz aller Freundschaftsrhetorik asymmetrisch als Patronatsverhältnisse angelegt. Man sah sich gegenüber den auswärtigen Mächten in der Rolle des Wohltäters, sei es, dass diese besiegt und anschließend der Gnade Roms ausgeliefert waren, sei es, dass sie sich zuvor ‹freiwillig› gefügt hatten. So meinte Cicero, «solange die Herrschaft des römischen Volkes (*imperium populi Romani*) durch Wohltaten (*beneficia*) behauptet wurde», konnte man diese «eher als Schutzherrschaft über den Erdkreis (*patrocinium orbis terrarum*) denn als Gewaltherrschaft (*imperium*) bezeichnen» (*De officiis* 2,26 f). Dies ist die klassische Rechtfertigung eines Imperiums.

Das zentrale Problem für die auswärtigen Gemeinwesen und Könige war der Zugang zu den römischen Machthabern in den Provinzen und besonders zum Senat in Rom. Als im Jahr 166 v. Chr. die Insel Teos von einem thrakischen Fürsten bedrängt wurde, schickte sie eine Gesandtschaft vornehmer Bürger nach Rom. Dort «gingen diese auf die führenden Männer der Römer zu und gewannen sie für ihre Sache, indem sie ihnen täglich die Aufwartung machten (*proskýnēsis*), und sie wählten sie zu Patronen unserer Vaterstadt, damit sie unserem Volk Hilfe gewähren» (*Syll.* 656). Alle Vertreter auswärtiger Gemeinwesen waren in Rom auf einen Patron angewiesen, der sie in den Senat, wo Gesandtschaften ihr Anliegen vorzubringen hatten, einführte oder ihre Interessen in einem Gerichtsprozess, etwa einem Repetundenprozess, wahrnahm. Die Patronatsbeziehungen zwischen führenden römischen Senatoren und provinzialen Aristokraten waren vertraglich festgelegt und vererbten sich an die nächste Generation. Neben persönlichen Beziehungen wurden in der späten Republik und der frühen Kaiserzeit auch Gemeindepatronate gestiftet.

Die provinzialen Aristokraten vertraten die politischen Interessen ihrer Heimatgemeinden gegenüber der imperialen Macht und verschafften ihnen Privilegien. Die römischen Patrone wiederum konnten sich auf die Kooperation ihrer Klienten in den Provinzen verlassen, wenn sie dort ihr Regiment versahen. So erleichterten Patronatsbeziehungen die römische Herrschaftsausübung, doch schufen sie zugleich auf beiden Seiten neue Konflikte. Die Bevorzugung einzelner städtischer Notabeln durch die römischen Machthaber stärkte zwar deren Stellung in ihren Heimatgemeinden, aber sie schürte auch das Ressentiment und den Widerstand ihrer Ratskollegen. Für die römischen Patrone dagegen konnte es zum Konflikt zwischen den Erfordernissen ihrer Amtsführung und den Verpflichtungsverhältnissen, die sie eingegangen waren, kommen, zumal sie in einem System von Patronatsbeziehungen wirkten, in dem weitere römische Patrone mitspielten. Zudem ergab sich das prinzipielle Problem, in welcher Nahbeziehung ein Gouverneur zu seinen provinzialen Untertanen stehen durfte, ohne dass er ‹korrumpiert› wurde. Marcus Cicero riet seinem Bruder Quintus, als Statthalter in *Asia* keine Griechen in den Kreis seiner Vertrauten (*familiaritas*) aufzunehmen, und noch gegen Ende des 2. Jh.s n. Chr. warnten kaiserliche Mandate die Statthalter vor einem Umgang von gleich zu gleich, weil daraus «eine Missachtung des Amtes» (*Dig.* 1,18,19 pr.: *contemptio dignitatis*) entstehe.

In der Kaiserzeit veränderte sich die Ausrichtung des Patronagesystems entscheidend, da seit Augustus der Kaiser den Mittelpunkt aller Patronatsbeziehungen bildete. Zugleich waren sein Reichtum, seine Machtfülle und sein Ansehen so überragend, dass er allen anderen Personen und Gruppen im Reich als Wohltäter überlegen war und sie damit zu seinen ‹Klienten› machte. Letztlich verdankten nämlich alle ihre politische Machtposition als *beneficium* dem Kaiser. Der Princeps war zum obersten Patron des Reiches geworden, was in der Metapher vom «Vater des Vaterlandes» (*pater patriae*) zum Ausdruck kam, die als Ehrentitel einen Bestandteil der offiziellen Kaisertitulatur bildete.

Für die Provinzialen bedeutete dies, dass die römischen Amtsträger in der Provinz nicht mehr die höchsten Patrone waren; man konnte gegebenenfalls an ihnen vorbei Zugang zum Kaiser suchen. Auf der anderen Seite wuchs die Bedeutung der Statthalter als Vermittler von Karrierechancen im Reichs- oder Militärdienst. Er entschied über Beförderungen innerhalb des provinzialen Heeres oder über die Aufnahme von Provinzialen in sein Statthalterbüro; er empfahl sie für einen höheren militärischen Posten oder ebnete ihnen den Weg in die Reichsverwaltung; er verlieh oder vermittelte Privilegien für einzelne Personen oder ganze Gemeinden, und er unterstützte seine Klienten in der Provinz gegen deren Gegner oder eine Gemeinde gegen ihre Rivalin.

Dabei agierte ein Statthalter nicht eigenmächtig als Patron, der selbstherrlich Machtressourcen verteilte, sondern innerhalb eines Patronagenetzwerkes. Dessen Medium waren die «Empfehlungsschreiben» (*commendationes*), mit denen sich ein Statthalter – wie andere Patrone auch – an Freunde wandte, die ihm verbunden oder verpflichtet waren, und sie um eine Gefälligkeit für seinen Schützling bat. Jene durften im Gegenzug bei Gelegenheit ebenfalls einen Freundschaftsdienst erwarten. So unterhielt ein Statthalter zahlreiche *amicitiae*, teils zu ebenbürtigen, teils zu mächtigeren oder auch weniger einflussreichen Personen: zum Kaiser, zu anderen Senatoren, zu Rittern und zu bedeutenden provinzialen Aristokraten. Während seiner Amtszeit wechselte er mit ihnen nicht nur zahlreiche Briefe, um seinen provinzialen Klienten den Weg zu ebnen, sondern er erhielt von seinen Freunden gleichfalls Empfehlungsschreiben, in denen sie sich für ihre Klienten verwendeten.

Die Position des Gouverneurs seinen Untertanen gegenüber hatte sich in der Kaiserzeit nicht grundlegend geändert; er wurde zwar stärker vom Kaiser kontrolliert, doch erhielt er damit auch eine größere Rückendeckung. Noch immer suchten die provinzialen Aristokraten seine Nähe, und in ihren Ehreninschriften wurde betont, dass der Betreffende «Gastfreund und Freund der Statthalter und Prokuratoren» gewesen ist. Für römisches Verständnis war eine solche *amicitia* ein Patronatsverhältnis, was die Ehreninschriften für Statthalter, die als «Wohltäter» und «Patron» angesprochen wurden, bestätigten. Erst die *familiaritas* hob die gesellschaftlichen Schranken auf.

Die Gelegenheit, Zugang zum Statthalter zu erhalten, bestand für die einfache Bevölkerung nur darin, ihm bei Gerichtstagen eine Bittschrift zu überreichen. Anders war dies für die provinzialen Aristokraten, die ihm die morgendliche Aufwartung machten (*salutatio*). Sie konnten bei dieser Gelegenheit den Gouverneur um eine Gefälligkeit bitten. Dass dieses Ritual eine eminente Bedeutung für die provinzialen Notabeln besaß, macht die «Audienzordnung» (*ordo salutationis*) eines Statthalters von *Numidia* aus dem Jahr 362 deutlich, die inschriftlich publiziert wurde: Darin wurde genau festgelegt, in welcher Reihenfolge die einzelnen Aristokraten, ihrer Rangklasse entsprechend, vom Statthalter empfangen wurden.

Mit der reichsweiten Verleihung des römischen Bürgerrechts hatte die Patronage zwar als Medium imperialer Herrschaft aufgehört zu existieren; sie blieb aber die grundlegende soziale und politische Beziehungsform im ‹Inneren› des Reiches. In der Spätantike entstanden überdies neue Patronageverhältnisse, die jetzt stärker als zuvor auch gegen den ‹Staat› eingesetzt wurden. Mit der Anzahl hochrangiger und einflussreicher ziviler und militärischer Amtsträger hatte sich auch die Anzahl potentieller Patrone vermehrt. Die Großgrundbesitzer in vielen Regionen des Reiches wurden zu Patronen ihrer im Laufe des 4. Jh.s durch Gesetze an die Scholle gebundenen Pächter (*colonatus*). In Gallien suchten sich Kleinbauern mächtige Schutzherren, weil sie ihre Steuern nicht mehr bezahlen konnten, wofür sie den Patronen ihren Grundbesitz übertrugen. Im Osten des Reiches wählten Kleinbauern und Pächter nicht die örtlichen Grundherren, über die sie die Steuern an den Staat entrichteten, zu ihren Patronen, sondern – gegen diese gerichtet – einflussreiche Militärs oder Amtsträger der Reichsverwaltung (*patrocinium*). Mit der enormen Ausdifferenzierung der Reichsadministration hatte sich auch die «Ämterpatronage» ausgeweitet: Trotz inzwischen bürokratischer Beförderungskriterien wie dem Dienstalter entschied in den höheren Positionen letztlich Patronage über das Vorankommen; allerdings wurde die Unterstützung des Patrons nicht selten erkauft.

Dazu kamen nun als neuer Typus die kirchlichen Patrone: einflussreiche Bischöfe, die in ihrer Provinz neben den Statthalter traten und außerhalb der kaiserlichen Administration über einen direkteren Zugang zum Kaiserhof verfügten, sowie «heilige Männer» (und Frauen), die sich besonders für die unteren Klassen der Bevölkerung bei den staatlichen Amtsträgern verwendeten. Sie verfügten nicht über ökonomische Ressourcen oder politische Macht, sondern über «symbolisches Kapital» (Pierre Bourdieu). Denn inzwischen war auch der Kaiser nicht mehr oberster Patron: Es gab nun einen himmlischen Patron, dem auch er seine Herrschaft verdankte. Dieser verfügte über einen Gnadenschatz, an dem die Christen nur partizipieren konnten, wenn sie sich der (verstorbenen) Heiligen als Vermittler bedienten. Die Grabstätten der Heiligen oder ihre Reliquienschreine in den städtischen Hauptkirchen bildeten daher den Mittelpunkt dieser neuen Form des Patronats (Heiligenpatrocinium).

6. Romanisierung

Die politische Integration der römischen Provinzen und ihrer Bevölkerungsgruppen in den römischen Reichsverband in der Kaiserzeit wird seit dem späten 19. Jh. mit dem Begriff der ‹Romanisierung› beschrieben. Man vertrat die Auffassung, dass Rom aufgrund seiner zivilisatorischen Überlegenheit das politische, wirtschaftliche, soziale und kulturelle Leben seiner Untertanen in den Provinzen außerhalb des griechischen Kulturkreises zielgerichtet umgestaltet habe. Für diese Ansicht konnte man sich nicht nur auf zahlreiche Funde von Gebrauchsgegenständen römischer Alltagskultur in den Provinzen berufen, die dortigen Inschriften, die noch erhaltenen oder ausgegrabenen Bauten und ‹Kunstwerke›, sondern auch auf antike Beobachter wie Tacitus, der über den britannischen Statthalter Agricola (77–84 n. Chr.) berichtet: «Damit sich nämlich die zerstreut lebenden und rohen und deshalb zum Kriege neigenden Menschen durch Wohlleben an Muße und Ruhe gewöhnten, drängte er sie persönlich und half ihnen von Staats wegen, Tempel, Märkte und Häuser zu errichten. […] Von jetzt an kam auch unsere Tracht in Ansehen, und häufig trug man die Toga. Allmählich verfiel man auch auf die Reize der Laster: auf Säulenhallen und Bäder und üppige Gelage» (*Agricola* 21).

Die Römer selbst verstanden ihren kulturellen Einfluss als Zivilisierung (*humanitas*). Es gehört zur Selbstrechtfertigung der meisten Imperien, dass sie ihre Dominanz zur zivilisatorischen Mission verklären, wie das Rom gegenüber allen «barbarischen» Völkern getan hat, die nicht der griechischen Kultur angehörten. Die Römer respektierten zwar die Griechen der klassischen Zeit als «Erfinder» aller zivilisatorischen Errungenschaften. Doch betrachteten sie sich als deren legitime Erben, denn die zeitgenössischen Griechen schienen ihnen dekadent zu sein und zur Bedeutungslosigkeit verurteilt.

Der Begriff der Romanisierung ist seit einiger Zeit in die Kritik geraten, weil er einen einseitig verlaufenden und intendierten Prozess unterstellt. Demgegenüber hat man in letzter Zeit auf Phänomene assimilierender *self-Romanisation* und (partieller) kultureller Resistenz in den provinzialen Gesellschaften aufmerksam gemacht. Zudem ist deutlich geworden, dass die mit dem Begriff ‹Romanisierung› verbundene Verbreitung (neuer) römischer Lebens- und Wohnformen, Sitten und Institutionen, Denkweisen und Kunststile ein Prozess war, der zeitgleich in Italien und den Provinzen in der letzten Hälfte des 1. Jh.s v. Chr. eingesetzt und die dortigen Gesellschaften bis zur Mitte des

1. Jh.s n. Chr. umgestaltet hatte. Dabei machte es keinen Unterschied, zu welchem Zeitpunkt die Provinzen in den römischen Herrschaftsverband integriert worden waren. Zu diesem Prozess haben verschiedene Faktoren beigetragen wie die weiträumige Migration in der Bürgerkriegszeit, die Auswanderung zahlreicher Römer und Italiker in die Provinzen, die Ansiedlung der Soldaten in außeritalischen Kolonien, aber auch die grundlegende Umgestaltung der politischen Ordnung durch Augustus, die von einer neuen imperialen Ideologie, einer kohärenten symbolischen Bilderwelt und einer neuartigen Formensprache in der monumentalen Architektur begleitet wurde. Auch fanden vermeintliche ‹Romanisierungsprozesse› an der Peripherie des Imperiums bereits lange vor der römischen Herrschaftsübernahme statt, wie in Gallien oder Britannien. Mit hochwertigen Artefakten ‹römischer› Kultur (silbernes Essgeschirr) sowie mit der partiellen Übernahme einzelner Lebensformen (Weingenuss) konnten «barbarische» Aristokraten in ihrer Gesellschaft repräsentativen Aufwand und soziale Distinktion betreiben. Sie wurden dadurch aber ebenso wenig zu Römern, wie afghanische Taliban, die Cola trinken und mit dem Handy telefonieren, zu Amerikanern geworden sind.

Die großen sozialen und politischen Veränderungen in den letzten Jahrzehnten der Republik und zu Beginn der Kaiserzeit und die anschließende Konsolidierung des Imperium Romanum schufen einen zusammenhängenden Herrschaftsraum, der in politischer, wirtschaftlicher und kultureller Hinsicht einen günstigen Rahmen für Romanisierungsprozesse bot. Es gab politische Bereiche, in denen man eine Romanisierung erzwang oder forcierte wie bei der Schaffung städtischer Selbstverwaltungseinheiten, der hierarchischen Gliederung der Gemeinden oder der Unterstützung aristokratischer Verfassungen, mit denen eine Marginalisierung der ländlichen Gebiete und ihrer Bevölkerung sowie der nichtaristokratischen Stadtbürger verbunden war. In anderen Bereichen dagegen lassen sich die Veränderungen besser als «Selbstromanisierung» begreifen.

Mit der Konzentration provinzialer Eliten in den Städten des Reiches wurde – wie in Italien auch – die Urbanisierung der städtischen Räume vorangetrieben, wobei das augusteische Rom als Vorbild wirkte. Daher glichen sich die Städte des Reiches in der baulichen Ausstattung und der Topographie der öffentlichen Räume, so dass sich ein reisender Reichsbewohner fast überall «wie zu Hause» und wie in Rom fühlen konnte. Auch wenn es natürliche große Unterschiede zwischen den Metropolen des Reiches und den kleineren Landstädten gab, so verfügten doch alle Gemeinden wenigstens über einige der öffentlichen Bauwerke, die das städtische Leben prägten: Es gab einen zentralen Platz (*forum*), der von Tempeln, Säulenhallen (*porticus*) sowie großen Gerichts- und Markthallen (*basilicae*) umgeben war; hier standen zumeist auch die Kaisertempel und das Hauptheiligtum der Stadt, im Westen oft ein Tempel des *Iuppiter Capitolinus*. Auch Amtsgebäude wie das Rathaus (*curia*) und ein Versammlungsplatz (*comitium*) befanden sich in der Nähe des Forums. Die Hauptstraße wurde von Kolonnaden gesäumt, und der Zugang zur ummauerten Stadt führte durch repräsentative Tore. Wasserleitungen (*aquaeductūs*) versorgten die Thermen und Brunnen der Stadt, während sich die Bürger in den Gymnasien einer athletischen und musischen Ausbildung unterzogen. Für Festspiele und Veranstaltungen aller Art gab es ein Theater, in dem nicht nur Mimen auftraten, sondern häufig die Volksversammlung tagte; ein Odeion, in dem Tanz und Musik geboten wurde; ein Amphitheater (*arena*), in dem Tierhetzen und Gladiatorenspiele stattfanden, und ein Stadion (*circus*), wo Wagenrennen veranstaltet wurden. Alle öffentlichen Plätze, Straßen und Gebäude waren mit Statuen und Reiterstandbildern der Kaiser, der Statthalter und örtlicher Notabeln bevölkert, und in bedeutenderen Städten gab es Ehrenbögen für die Kaiser. Vor den Toren der Stadt befanden sich die Nekropolen, in denen zahllose Grabstelen und Grabbauten wort- und bildreich den gesellschaftlichen Status der Verstorbenen kundtaten und aus deren Leben berichteten. Die Stadthäuser (*domūs*) der vermögenden Bürger wurden im Atriumsstil erbaut und – wie deren Landhäuser (*villae*) – mit Fresken und Mosaiken ausgestattet. Eine solche städtische Lebensweise veränderte viele Lebensgewohnheiten und den Konsum besonders der Oberschichten. Kleidung und Haartracht passten sich ‹Moden› an, wobei das Bildnis des Kaisers und der Frauen des Kaiserhauses vorbildlich wirkte. Die Speisen änderten sich dort, wo eine neue Kultur des Gastmahls und des repräsentativen Aufwands einzog. Mit der Bäderkultur entwickelte sich eine andere Aufmerksamkeit für den Körper, und die Kultur der städtischen Spiele prägte die Formen der Geselligkeit und die politische Kommunikation.

Die *pax Romana* begünstigte in den beiden ersten Jahrhunderten der Kaiserzeit den Aufschwung der römischen Provinzen und die damit verbundene Etablierung vergleichsweise homogener provinzialer Gesellschaften – zumindest auf der Ebene der provinzialen Oberschichten. Die Nachfrage nach «Luxusgütern» und Rohstoffen aller Art stimulierte – zusammen mit der Heeresversorgung – den regionalen und reichsweiten Handel. Es entstand ein wirtschaftlicher Binnenraum, dessen Handelsströme durch die Versorgung der Truppen in den Grenzprovinzen und die Konsumnachfrage in den Städten bestimmt wurden. Zugleich etablierte Augustus eine römische Währung mit lateinischen Aufschriften, deren Gold- und Silbermünzen im ganzen Reich zirkulierten, während die Kupfer- und Bronzemünzen nur in den westlichen Provinzen umliefen, die alle von Rom aus mit Geld versorgt wurden. In der östlichen Reichshälfte hingegen prägten zeitweise bis zu 250 griechische Städte lokale Bronzemünzen mit griechischen Aufschriften, was ein kaiserliches Privileg war. Die Silberprägung einiger Provinziallandtage wurde jedoch ebenso wie die ägyptische Silberwährung von Rom aus kontrolliert. Gegen Ende des 3. Jh.s verschwanden die Provinzialprägungen, und Diokletian führte reichsweit eine neue, einheitliche Münzprägung ein, die er auf verschiedene Münzstätten im Reich verteilte.

Auch Religion und Kultausübung veränderten sich in den Provinzen unter römischer Herrschaft, denn religiöse Praktiken und Vorstellungen bilden kein geschlossenes und statisches System. Zwar kann eine Religion wie das Judentum, die auf Gesetz und einem Kanon heiliger Texte beruht, sich als resistent gegenüber äußeren religiösen Einflüssen erweisen, doch gilt dies

weder für die griechischen Polisreligionen, noch für den stadtrömischen Kultus oder die indigenen Religionen der Völker am
Rande des griechisch-römischen Kulturkreises. Rom selbst hatte im Laufe seiner Geschichte viele fremde Kulte wie den der
phrygischen *Magna Mater* (*Kybele*) oder der karthagischen *Iuno
Caelestis* (*Tanit*) in sein Pantheon aufgenommen, und im kaiserzeitlichen Imperium Romanum gab es vor dem Ende des 4. Jh.s
auch keine oktroyierte Reichsreligion. Eingriffe Roms in das
religiöse Leben der provinzialen Untertanen wie das Verbot
von Menschenopfern in Gallien und dem ehemals karthagischen
Nordafrika oder das zeitweise Vorgehen gegen Druiden, Ma-
gier, Astrologen und Wahrsager waren dagegen selten.

Zwei Phänomene sind für die Herausbildung der «Provinzialreligionen» kennzeichnend. Zum einen ‹übersetzten› die Einheimischen ihre göttlichen Mächte ins ‹Römische› (*interpretatio
Romana*), indem sie ihnen Wirkungsbereiche zuschrieben und
sie mit römischen Götternamen ausstatteten. Wie eine große
Zahl inschriftlicher Weihungen in allen Provinzen zeigt, ging
dabei der Name der indigenen Gottheit und damit ihre lokale
Verankerung meistens nicht verloren. Die Gottheiten wurden
entweder noch unter ihrem alten Namen angerufen (*Silvanus,
Epona, Dusares*), oder ihr Name wurde zum Beinamen des ‹romanisierten› Gottes (*Apollo Grannus, Mars Britovius, Iuppiter
Poeninus*). In der Praxis spielte die Differenz von ‹indigenen›
und ‹römischen› Göttern allerdings keine Rolle. Zum anderen
wurde die indigene Kultpraxis romanisiert: Die göttlichen
Mächte stellte man nun wie die griechischen und römischen
Götter auf anthropomorphe Weise bildlich und figürlich dar.
Als Kultstätten dienten Schreine und steinerne Tempel, vor denen auf einem Altar die Opfer nach römischem Ritus vollzogen
wurden. Wie in Rom wurden Priester bestellt, die aus der lokalen Aristokratie stammten und sonst als Ratsherren und Magistrate amtierten. Auch verbreitete sich die Sitte, den Gottheiten
Votivgaben zu weihen sowie Altäre, Statuen und ganze Heiligtümer zu stiften. Die römischen Formen, in der die religiösen
Vorstellungen zum Ausdruck gebracht und die Kulthandlungen
vollzogen wurden, verdrängten weitgehend die traditionellen

Rituale, doch boten sie den Provinzialen zugleich auch neue Möglichkeiten der Selbstrepräsentation.

Die Ausbreitung römischer Gottheiten und Kultformen in den Provinzen vor allem des Westens ist aber nur die eine Seite eines Prozesses, bei dem auch Kulte aus den Provinzen eine überregionale oder reichsweite Verbreitung fanden und sich selbst in Rom etablierten. So fanden der syrische *Iuppiter Dolichenus*, der iranische *Mithras*, der ägyptische *Serapis*, die kleinasiatische *Kybele*, die ägyptische *Isis*, der syrische *Iuppiter Heliopolitanus* oder der italische *Liber Pater* (*Bacchus*) den Weg in die meisten römischen Provinzen. Es waren vor allem die Soldaten, zivilen Amtsträger und Händler, die ihre Gottheiten mitbrachten, ihnen Heiligtümer stifteten und inschriftliche Weihungen hinterließen. In den offiziellen stadtrömischen Kultus fanden sie freilich ebenso wenig Aufnahme wie das Christentum oder das Judentum, die sich zur selben Zeit auszubreiten begannen. Die polytheistische stadtrömische Religion blieb ‹tolerant›, und konnte sich nicht zu einer Reichsreligion entwickeln, die das Imperium repräsentierte; dazu war eine monotheistische Religion erforderlich, deren Gott sowenig wie der Kaiser einen anderen neben sich duldete.

Als das Reich im 3. Jh. in die Krise geriet, waren die ‹Provinzialreligionen› längst fest verankert, und es waren Kaiser und Soldaten aus den Donauprovinzen, die als besonders eifrige Hüter ‹altrömischer› Religion auftraten. Auf der anderen Seite griffen diejenigen Kaiser, die wie Elagabal (218–222) und Aurelian (270–275) eine oberste ‹Reichsgottheit› in den offiziellen stadtrömischen Kult einführten, unter deren speziellen Schutz sie sich begaben, auf den syrischen Sonnengott *Elagabal* (*Sol, Helios*) zurück, doch konnten sie sich damit nicht durchsetzen. Als sich dann das Christentum im Laufe des 4. Jh.s etablierte, wurden die traditionellen provinzialrömischen Kulte und religiösen Praktiken zunehmend als «Heidentum» disqualifiziert, lateinisch als «Paganismus», denn die Provinzialreligionen hielten sich im Westen am längsten unter den Bewohnern ländlicher Gebiete (*pagani*), griechisch als «Hellenismus», weil in der östlichen Reichshälfte Teile der städtischen Aristokratie, bei der griechische Bildung, Denk- und Lebensweise (*paideía*) seit Jahrhunderten fest verankert war, am längsten der Christianisierung Widerstand leisteten.

Die stärksten Indikatoren für das Fortbestehen indigener oder ‹nationaler› Identitäten und damit der Grenze von Romanisierungsprozessen sind – neben der Namensgebung – der Gebrauch eigener Sprachen und Schriftsysteme. Viele Sprachen, die im Imperium gesprochen wurden, hatten nie zur Schriftform gefunden, dennoch überlebten manche von ihnen das römische Reich (baskisch, gälisch, albanisch, thrakisch, kappadokisch). Einige Schriftsprachen behaupteten sich auch unter römischer Herrschaft, konnten aber nicht im Umgang mit den römischen Behörden verwendet werden, so die punische Schrift in Nordafrika, die demotische in Ägypten, die nabatäische in Arabien oder die hebräische in Palästina. Im Laufe der Kaiserzeit verschwanden zwar das Punische und das Demotische, doch bildeten sich seit der Spätantike auch neue Schriftsprachen heraus, so in Ägypten die koptische Schrift sowie die syrische, die armenische und die gotische Schrift. Sie entstanden mit der Etablierung ‹nationaler› christlicher Kirchen und dienten der Übersetzung der heiligen Schriften sowie der Liturgie. Das Aufkommen ‹nationaler› Schriftsysteme in der Spätantike bildete nur den Abschluss eines Prozesses, der seit der Wende zum 3. Jh. der Romanisierung partiell entgegenlief und besonders im griechischen Osten in einer Rückbesinnung auf eigene Traditionen zum Ausdruck kam.

Rom hatte nie versucht, die lateinische Sprache und Schrift reichsweit durchzusetzen, aber sie war die Sprache der Herrschaft. In den Legionen und Auxiliarverbänden wurde lateinisch geschrieben und gesprochen, ebenso in der Verwaltung, soweit es deren interne Kommunikation betraf. Die Münzlegenden der Reichsprägung waren lateinisch, und alle kaiserlichen Gesetze ebenfalls. Doch erkannte Rom das Griechische als zweite offizielle Sprache insofern an, als die Kommunikation des Kaisers und der römischen Amtsträger mit der Provinzialbevölkerung im Osten auf Griechisch erfolgte. Auch in den Gerichtsverhandlungen konnte Griechisch gesprochen werden; kaiserliche Edikte, Reskripte und andere Dokumente wurden übersetzt. Denn die hohen römischen Amtsträger und auch die meisten Kaiser waren seit der Republik zweisprachig gewesen.

In der östlichen Reichshälfte setzte sich das Lateinische nie als zweite Sprache durch. Nur die provinzialen Aristokraten, die in den Reichsdienst eintreten wollten, und die Soldaten lernten Latein. In der Spätantike, als das Reich faktisch geteilt war, verschärfte sich die sprachliche Trennung: In Rom und den westlichen Provinzen lernten nur noch wenige Aristokraten Griechisch, und in der östlichen Hälfte immerhin all diejenigen Latein, die römisches Recht studierten und im Heer und der Ziviladministration Dienst taten. Aber schon die Bischöfe im Osten des Reichs konnten kein Latein mehr, sowenig wie die Bischöfe im Westen Griechisch – Augustinus las die griechischen Kirchenväter in Übersetzung. Unter Justinian schließlich zog dann das Griechische auch in die Reichsverwaltung ein, wie seine noch erhaltenen Gesetze («Novellen») zeigen.

Die beschriebenen Romanisierungsprozesse kamen freilich nicht nur über die provinziale Aristokratie in Gang. Ebenso wichtig wie diese ‹elitäre Romanisierung› war die ‹plebejische Romanisierung›, die vom römischen Heer in den Provinzen ausging. Legionslager und Auxiliarkastelle waren Keimzellen römischer Lebensweise; dort wurden Rekruten und Freiwillige aus den verschiedensten Provinzen in der Armee sozialisiert. Die Soldaten lernten hier nicht nur die lateinische Kommandosprache und eine bürokratisch organisierte Institution kennen, sondern erwarben häufig erste Lese- und Schreibkenntnisse. Im Regiments- und Kaiserkult entwickelten sie eine gemeinsame religiöse Vorstellungswelt und Ausdrucksweise und verschmolzen ihre einheimischen Kulte mit den römischen Gottheiten. Kleidung, Esskultur und Konsum orientierten sich am römischen Vorbild. Die Soldaten erlernten Handwerk und Technik in den Werkstätten des Heeres und wurden mit den Prozeduren des römischen Zivilrechts vertraut. Diese Sozialisation führte zu einer Habitushomogenität, die umso ausgeprägter war, als die Bindungen an die zivile Gesellschaft zumindest in der frühen Kaiserzeit systematisch – etwa durch das Heiratsverbot – unterbunden wurden. Doch spätestens als die Einheiten längerfristig an ihren Standorten blieben und im Westen dauerhafte Zivil-siedlungen in ihrem Umkreis entstanden, konnten faktische Le-bensgemeinschaften und der Verkehr mit Zivilpersonen nicht mehr verhindert werden. Als Veteranen schließlich, die mit rö-mischem Bürgerecht und *conubium* ausgestattet waren, prägten sie das Leben in den Kolonien oder peregrinen Städten der west-lichen Provinzen maßgeblich, während sie es im Osten zum Teil schwer hatten, von der alteingesessenen städtische Aristokratie akzeptiert zu werden. Romanisierung konnte in der Herkunfts-gesellschaft auch Entfremdung bedeuten.

V. *Arcana imperii:* Eine knappe Charakteristik des Imperium Romanum

Das Römische Reich zeichnet sich vor anderen Imperien da-durch aus, dass es seine provinziale Peripherie im Laufe der Zeit vollständig integrierte und den Unterschied zwischen herr-schender Gesellschaft und unterworfenen Gemeinwesen auf-hob. Dabei entsprach der wachsenden Integration der Provin-zialbevölkerung eine schleichende Entwertung des römischen Bürgerstatus in politischer wie rechtlicher Hinsicht. Möglich war diese Integration nämlich nur im Rahmen der Monarchie geworden, in der nun alle gleichermaßen Untertanen des Kaisers waren. Das Verhältnis von Herrschaft und Unterwer-fung hatte sich dabei verändert: In republikanischer Zeit be-herrschte der Senat mit Unterstützung des keineswegs unter-worfenen *populus Romanus* die peregrinen Gemeinwesen der Mittelmeerwelt. In den ersten beiden Jahrhunderten der Kaiser-zeit regierte der Kaiser über seine römischen Untertanen, mit denen gemeinsam er die peregrine Provinzialbevölkerung domi-nierte. Seit dem 3. Jh. gebot der Kaiser dann über einen poli-tisch, aber nicht sozial homogenen Untertanenverband rö-mischer Bürger.

Wie bereits Cassius Dio und andere Zeitgenossen gesehen hatten, spielten für diese Integrationsleistung die Beteiligung provinzialer Gruppen an der Herrschaftsausübung und die Bürgerrechtsvergabe die entscheidende Rolle. Eine Partizipation einzelner indigener Gruppen an der über sie ausgeübten Kolonialherrschaft hat es zwar in vielen Imperien gegeben, doch Rom ging hier noch einen Schritt weiter: Während sich die meisten Kolonialherrschaften auf die Kollaboration bzw. Kooperation der lokalen Aristokratie stützten, beließ es Rom nicht bei einer Zusammenarbeit auf lokaler oder provinzialer Ebene, sondern gestattete Teilen der kolonialen Elite, in das Zentrum der Macht aufzusteigen und dort selbst die Position des Kaisers einzunehmen. Ebenso wurden nicht nur Kontingente kolonialer Truppen unter der Führung von Offizieren der imperialen Macht subsidiär zur Verstärkung der regulären Armee herangezogen, sondern in Rom waren auch Offiziersposten der kolonialen Elite zugänglich. So verwalteten in der Kaiserzeit schließlich Provinziale die Provinzen und sie kommandierten Truppen, die in den Provinzen stationiert waren.

Die mit diesem politischen und sozialen Aufstieg verbundene Bürgerrechtsvergabe beschränkte sich nicht auf einzelne Ausnahmefälle für besondere Verdienste, wie dies auch in anderen Kolonialherrschaften vorkam. Rom setzte seit der Kaiserzeit systematisch auf die politische Integration aller für die Herrschaftsausübung wichtigen Gruppen, nicht nur auf die kolonialen Eliten, sondern auch auf Provinziale einfacher Herkunft. Möglich wurde diese enorme Ausweitung des Bürgerverbandes, weil die mit dem Bürgerrecht verbundenen politischen Privilegien nur denjenigen Neubürgern, die in den Senat oder die kaiserliche Verwaltung aufstiegen, Einfluss auf die Herrschaftsausübung einräumten. Ein weiterer Grund lag darin, dass das römische Bürgerrecht weder ethnisch noch religiös fundiert war, sondern rechtlich-politischen Charakter besaß.

Die Herrschaft des Kaisers beruhte darauf, dass er von den maßgeblichen Gruppen seiner Untertanen anerkannt wurde: Dies waren die Soldaten, der Senat, die hauptstädtische *plebs* (stellvertretend für den *populus Romanus*) und die Provinzialen. Die politischen Beziehungen, die er mit diesen Gruppen unterhielt, waren Patronageverhältnisse. Als oberster Patron des Reiches musste er auf die Wünsche seiner ‹Klienten› eingehen, um ihre Zustimmung zu seiner Herrschaft zu gewinnen. Man erwartete vom Kaiser das, was er reichsweit auf den Münzen und über andere Medien verkünden ließ: *liberalitas, indulgentia, clementia, iustitia* und andere Formen des Herrschaftshandelns, die in der Lage waren, bei seinen Untertanen Loyalität und Zuneigung zu erzeugen. Diese intensive Kommunikation des Kaisers und seiner Stellvertreter mit den verschiedenen Gruppen der Reichsbevölkerung, selbst deren untersten Klassen, war auch die Grundlage für die erhebliche soziale Mobilität und Durchlässigkeit, die die stark hierarchisch stratifizierte, kaiserzeitliche römische Gesellschaft auszeichnete und ihr zugleich Stabilität und Flexibilität verlieh. Der soziale Aufstieg auch von Provinzialen war ein Ergebnis des römischen Patronagesystems. Diese intensive Kommunikation wurde noch durch alle Formen der Kaiserverehrung verstärkt, die das städtische Leben auf den Herrscher in Rom ausrichteten, der dadurch im Reich allgegenwärtig schien.

Rom setzte nicht nur auf die Kooperation der kolonialen Eliten, sondern formte diese nach seinen eigenen Vorstellungen. Dem diente die reichsweite Schaffung städtischer Selbstverwaltungseinheiten, die sich zugleich nach dem Muster bestehender griechischer Poleis und italischer Munizipien urbanistisch entwickelten oder entwickelt wurden. Diese (Selbst-)Romanisierung brachte eine reichsweit ziemlich homogene Führungsschicht hervor, die sich durch einen gemeinsamen Habitus auszeichnete, über eine gemeinsame Bildungswelt und Werteorientierung gebot und in den Städten einen repräsentativen Lebensstil pflegte, der sich im Prinzip nicht von dem in der Metropole Rom unterschied. Zusätzlich stärkte Rom die soziale Position der lokalen Eliten (*honestiores*) gegenüber dem Rest der städtischen und ländlichen Gesellschaften und zog damit die zentrale gesellschaftliche Trennlinie weniger zwischen Römern und Provinzialen, als zwischen Römern und provinzialen Eliten auf der einen Seite und den provinzialen (und später auch römischen) *humiliores* auf der anderen. Diese gesellschaftliche Scheidelinie prägte dann den integrierten Bürgerverband seit dem 3. Jh. Den *honestiores* aber wurden auf der lokalen Ebene weitreichende Autonomie bei der Verwaltung ihrer Gemeinwesen zugestanden.

Ein letzter Grund für die erfolgreiche Behauptung des Imperium Romanum liegt darin, dass die politischen Akteure günstige historische Konstellationen wahrzunehmen und zu ihren Gunsten zu nutzen wussten, doch bildet dies eher ein *arcanum historiae*. Nur wenigen Imperien gelang es nämlich, sich nach ihrer Expansionsphase dauerhaft zu behaupten und ihre Herrschaft zu konsolidieren. Auch das Imperium Romanum stand in seiner langen Geschichte dreimal kurz vor seiner Auflösung: gegen Ende der Republik, gegen Ende des 3. Jh.s n. Chr. und schließlich im 5. Jh. Sowohl Augustus als auch Konstantin gelang es aber, das Reich wieder zu stabilisieren. Augustus hatte Erfolg, weil er auf allen Ebenen Machtmittel mobilisieren konnte, die sich gegenseitig verstärkten: Nach der Ausschaltung seiner innenpolitischen Gegner bekam er das Heer unter seine Kontrolle, weshalb Rom seinen provinzialen Untertanen mit geballter militärischer Macht entgegentreten konnte. Die politische Macht des Zentrums wurde durch den Systemwechsel zur Monarchie bedeutend gesteigert, wobei die alte senatorische Führungsschicht nicht nur integriert, sondern auch die römische Herrschaft über die Provinzen gemildert wurde. Mit der *pax Augusta* wuchsen auch bald die ökonomischen Ressourcen des Reiches, die sowohl den Provinzialen wie dem Kaiser und seinen römischen Untertanen zugute kamen. Und schließlich begleitete Augustus den Umbau der *res publica* mit einer Erneuerung des Kultes und Festwesens, in dem er selbst eine zentrale Stellung als Vermittler göttlichen Heils für seine Untertanen einnahm.

In der 2. Hälfte des 3. Jh.s waren diese Machtmittel verbraucht. Militärisch war das Reich in der Defensive, die politische Machtstellung der Kaiser erschüttert, das Reich ökonomisch am Boden, und alle Versuche, den Beistand der Götter zu erlangen, fruchteten nichts. Diokletian gelang es zwar, durch militärische Erfolge und einen umfassenden militärischen, politischen und ökonomischen Umbau der *res publica* das Imperium kurzfristig zu stabilisieren, doch die Bürgerkriege, die sofort nach seinem Rückzug einsetzten, zeigten, dass dies nicht mehr ausreichte. Erst als Konstantin nicht nur seine innenpolitischen Gegner ausgeschaltet, sondern seit 312 mit der Förderung des Christentums auch eine religiöse Neuorientierung vorgenommen hatte, die die Stellung des Kaisers neu begründete, wurde das Imperium wieder konsolidiert. Als Theodosius I. dann das Christentum 380 als Reichsreligion verordnete und sich damit eine alle Römer verbindende *pax Christiana* abzeichnete, schien das Reich gerettet. Doch zu Beginn des 5. Jh.s zeigten sich die Konsequenzen der faktischen Aufteilung der kaiserlichen Macht in den beiden Reichsteilen: Die Auseinandersetzungen zwischen den Ost- und Westkaisern in Verbindung mit der massiven Bedrohung durch die «Barbaren» führte dazu, dass das Kaisertum im Westen geschwächt wurde und sich letztlich nicht behaupten konnte, zumal die Kaiser in den Heermeistern Konkurrenten um die militärische Macht fanden. Überdies vermochten es die oströmischen Kaiser, die Barbarenverbände in den Westen abzudrängen. Auch auf der politisch-religiösen Ebene wurde der westliche Reichsteil durch die Auseinandersetzung zwischen orthodoxen und arianischen Christen entscheidend geschwächt; die Kaiser vermochten es hier nicht wie schließlich in Konstantinopel, die *pax Christiana* durchzusetzen. Das Imperium aber konnte wieder einmal behauptet werden, freilich um den Preis des Verlustes seiner westlichen Reichsteile. Mit Theodosius II. (408–450) begann dann die Geschichte des nun ganz griechisch gewordenen, byzantinischen Imperium Romanum, dessen Kaiser sich bis zuletzt als «Kaiser der Römer» betrachteten.

Danksagung

Ich möchte mich herzlich bei denjenigen bedanken, die sich der Mühe unterzogen haben, das Manuskript zu lesen und zu kommentieren und Vorschläge für die notwendige, aber schmerzliche Kürzung des ursprünglichen Textes zu machen: Prof. Dr. Justus Cobet, Prof. Dr. Jochen Martin, Dr. Konrad Stauner und Dorothee Zwiffelhoffer sowie Dr. Stefan von der Lahr für das sehr engagierte Lektorat und Peter Palm für die Karten.

Hinweise auf weiterführende Literatur

Zum **Begriff des Imperiums** in der modernen politischen Theorie und zur Typologie von Imperien und Formen kolonialer Herrschaft sind anregend Jürgen Osterhammel, *Kolonialismus. Geschichte – Formen – Folgen*, München 1995 und Herfried Münkler, *Imperien. Die Logik der Weltherrschaft – vom Alten Rom bis zu den Vereinigten Staaten*, Berlin 2005. – Einen guten systematischen Überblick zum **Imperium Romanum**, der allerdings die Spätantike nicht berücksichtigt, gibt Andrew Lintott, *Imperium Romanum: Politics and Administration*, London & New York 1993. – Die beste Einführung in fast alle die **römische Geschichte** betreffenden speziellen Themenbereiche gibt die *Cambridge Ancient History, Second Edition*, Bde 7–14, Cambridge 1984–2005, die in den Bänden zur Kaiserzeit (10–14) auch die einzelnen **Provinzen und Regionen** behandelt. Jedes Kapitel ist dabei von einem führenden Fachgelehrten auf neuestem Forschungsstand verfasst. – Reich bebildert und besonders die Ergebnisse der provinzialrömischen Archäologie berücksichtigend sind die Bände der Reihe *Orbis Provinciarum*, die in loser Folge erscheinen. Besonders gelungen sind Christian Marek, *Pontus et Bithynia*, Mainz 2003 und Hartwin Brandt & Frank Kolb, *Lycia et Pamphylia*, Mainz 2005. Erschienen sind auch *Thracia, Dacia, Moesia Superior, Noricum, Gallia Narbonensis* und *Germania Inferior*. – Wegweisende neuere Studien zu einzelnen Provinzen und Regionen bieten Susan E. Alcock, *Graecia Capta. The Landscapes of Roman Greece*, Cambridge 1993; Stephen Mitchell, *Anatolia. Land, Men, and Gods in Asia Minor*, 2 Bde, Oxford 1993; Roger S. Bagnall, *Egypt in Late Antiquity*, Princeton 1993; Fergus Millar, *The Roman Near East 31 BC – AD 337*, Cambridge, Mass. & London 1993; Greg Woolf, *Becoming Roman: The Origins of Pro-*

vincial Civilization in Gaul, Cambridge 1998 sowie Raymond Van Dam, *Kingdom of Snow. Roman Rule and Greek Culture in Cappadocia*, Philadelphia 2002. – **Das römische Herrschaftssystem** behandeln für die Republik Werner Dahlheim, *Gewalt und Herrschaft. Das provinziale Herrschaftssystem der römischen Republik*, Berlin 1977, für die Kaiserzeit François Jacques, John Scheid & Claude Lepelley, *Rom und das Reich in der Hohen Kaiserzeit*, 2 Bde, Stuttgart & Leipzig 1998/2001 (franz. 1990/1998), wovon der 2. Bd. die Provinzen thematisiert, und Werner Eck, *Die Verwaltung des Römischen Reiches in der hohen Kaiserzeit. Ausgewählte und erweiterte Beiträge*, 2 Bde, Basel & Berlin 1995/1998, für die Spätantike Christopher Kelly, *Ruling the Later Roman Empire*, Cambridge Mass. & London 2004. Zur allmählichen Ausbildung bürokratischer Strukturen im Imperium Romanum Peter Eich, *Zur Metamorphose des politischen Systems in der römischen Kaiserzeit. Die Entstehung der «personalen Bürokratie» im langen dritten Jahrhundert*, Berlin 2005. – Den **Regierungsstil des Kaisers** und seiner Amtsträger erörtern Fergus Millar, *The Emperor in the Roman World*, Ithaca 1977, [2]1992, der die Interaktion des Kaisers mit allen Gruppen der Reichsbevölkerung in den Mittelpunkt seiner Betrachtungen stellt, sowie John E. Lendon, *Empire of Honour. The Art of Government in the Roman World*, Oxford 1997, der Ehrerwartungen, Rang und Würde als Determinanten der Beziehungen zwischen den römischen Machthabern und den Untertanen betont. Die Kommunikation des Kaisers mit der Reichsbevölkerung behandelt Clifford Ando, *Imperial Ideology and Provincial Loyality in the Roman Empire*, Berkeley, Los Angeles & London 2000. – **Das statthalterliche Regiment** aus provinzialer Perspektive haben zum Gegenstand für die Republik Raimund Schulz, *Herrschaft und Regierung. Roms Regiment in den Provinzen in der Zeit der Republik*, Paderborn u. a. 1997, für die Kaiserzeit Eckhard Meyer-Zwiffelhoffer, *Politikōs árchein. Zum Regierungsstil der senatorischen Statthalter in den kaiserzeitlichen griechischen Provinzen*, Stuttgart 2002, für die Spätantike Daniëlle Slootjes, *The Governor and his Subjects in the Later Roman Empire*, Leiden & Boston 2006. – Roms **Aufstieg zur Weltmacht** schildern quellennah Erich S. Gruen, *The Hellenistic World and the Coming of Rome*, 2 Bde, Berkeley & Los Angeles 1984, Adrian N. Sherwin-White, *Roman Foreign Policy in the East*, 168 B.C to A.D. 1, Norman 1984 und Robert Morstein Kallet-Marx, *Hegemony to Empire. The Development of the Roman Imperium in the East from 148 to 62 B.C.*, Berkeley, Los Angeles & Oxford 1995. – Zum **Kaiserkult** sind aufschlussreich Simon Price, *Rituals and Power. The Roman Imperial Cult in Asia Minor*, Cambridge 1984 und Ittai Gradel, *Emperor Worship and Roman Religion*, Oxford 2002. – **Patronagebeziehungen** behandelt der Sammelband *Patronage in Ancient Society*, hrsg. v. Andrew Wallace-Hadrill, London & New York 1989, die **städtische Kultur** in der römischen Welt Werner Dahlheim, *An der Wiege Europas. Städtische Freiheit im antiken Rom*, Frankfurt a. M. 2000.

Zeittafel

Frühe römische Republik (ca. 470–264 v. Chr.)

ca. 470	Ende der etruskischen Herrschaft	
387	Eroberung Roms durch die Kelten	
343–275	Kriege mit den Samniten	
340–338	Krieg Roms gegen den Latinerbund	«Bundesgenossensystem» (338)
280–272	Krieg gegen Pyrrhos von Epiros	

Mittlere («klassische») Republik (264–133 v. Chr.)

264–241	1. Punischer Krieg	*Sicilia, Sardinia et Corsica* (227)
218–201	2. Punischer Krieg (Hannibal)	*Hispania Citerior, Ulterior* (197)
200–197	2. Makedonischer Krieg (Philipp V.)	
192–188	Krieg gegen Antiochos III.	
171–168	3. Makedonischer Krieg (Perseus)	*Macedonia* (148)
149–146	3. Punischer Krieg	*Africa* (146)
146	Achäischer Krieg	Achaia zu *Macedonia* (146)

Späte Republik (133–30 v. Chr.)

133	Testament Attalos III. v. Pergamon	*Asia* (129)
125–121	Krieg in Südgallien	*Gallia Cisalpina* (121)
111–105	Krieg gegen Iughurta	regnum Numidiae (105)
96	Testament Apions v. Kyrene	*Cyrenaica* (74)
91–89	Bundesgenossenkrieg	Italia Cispadana Bürgerrecht (89)
		Gallia Narbonensis (74/72)
89–63	Mithradateskriege	*Creta* (66), *Syria, Cilicia* (64–44)
74	Testament Nikomedes IV.	*Pontus et Bithynia* (63),
	v. Bithynien	regnum Iudaeae (63)
58–51	Gallischer Krieg	*Cyprus* (58), *Gallia Comata* (51)
49–30	Bürgerkriege	*Africa Nova* (46),
		Aegyptus (30) regnum Galatiae, Cappadociae, Ponticum, Paphlagoniae etc.

Frühe Kaiserzeit (30 v.–96 n. Chr.)

Augustus (27 v.–14 n. Chr.)

27	Neuorganisation der Provinzen	*Achaia, Creta et Cyrene, Africa Proconsularis, Hispania Baetica, Lusitania, Tarraconensis* (27)
25–13	Spanienkriege	*Galatia*, regnum Mauretaniae (25)

16–13	Neuorganisation Galliens	*Gallia Belgica, Aquitania, Lugdunensis* (16/13)
6–9	Pannonischer Aufstand	*Illyricum* (9/10 n. Chr.), *Iudaea* (6)
9	Niederlage des Varus	regnum Noricum, *Cappadocia et Armenia Minor* (17)

Claudius (41–54)

43	Eroberung Südbritanniens	*Britannia* (43), *Mauretania Caesariensis, Tingitania* (42), *Lycia* (43), *Raetia* (43), *Noricum, Moesia* (44), *Thracia* (45)
69	Bürgerkrieg: Vierkaiserjahr	

Flavier: Vespasian (69–79), Titus (79–81), Domitian (81–96)

66–70	1. Jüdischer Aufstand	*Iudaea* zu *Syria* (70), *Cilicia* (72)
69–70	Bataveraufstand	*Lycia et Pamphylia* (72)
83–85	Chattenkrieg	*Germania Inferior, Superior* (84)
		Moesia Inferior, Superior (86)

Hohe Kaiserzeit (96–284 n. Chr.)

Trajan (98–117) und Hadrian (117–138)

101–106	Dakerkriege	*Dacia, Arabia* (106), *Epirus* (108), *Pannonia Inferior, Superior* (106)
114–117	Partherkrieg	*Armenia* (114–117), *Assyria, Mesopotamia* (115–117)
132–135	2. Jüdischer Aufstand	*Syria Palaestina* (135)

Marcus Aurelius (161–180)

166–166	Partherkrieg
174–174	1. Markomannenkrieg
177–180	2. Markomannenkrieg

Septimius Severus (193–211) und Caracalla (211–217)

193–197	Bürgerkrieg	*Syria Coele, Syria Phoenice* (194)
194–195	1. Partherkrieg	*Mesopotamia* (195)
197–199	2. Partherkrieg	
208–211	Krieg in Britannien	*Britannia Inferior, Superior* (212)
212	Reichsweite Verleihung des Bürgerrechts	

«Krise des 3. Jahrhunderts»: Soldatenkaiser (235–284)

ab 231	Sāsāniden- und Alamannenkriege	*Pontus* aus *Galatia* (227)
238	Bürgerkrieg: Sechskaiserjahr	*Phrygia et Caria* aus *Asia* (249)
ab 250	Gotenkriege	Gallisches Reich (260–274)
		Reich von Palmyra (260–272)
		Dacia aufgegeben (271)

Spätantike Kaiserzeit (284–5./6. Jh. n. Chr.)

Diokletian (284–305) und Konstantin (306–337)

ab 287	Neuorganisation der Provinzen, Einführung der Diözesen und Prätoriumspräfekturen	Britannisches Reich (286–296) *Italia* provinzialisiert, 101 Provinzen, 13/15 Diözesen, 3/4 Prätoriumspräfekturen

ab 312　Privilegierung des Christentums
330　Konstantinopel neue Metropole
378　Niederlage bei Hadrianopolis

Theodosius I. (379–395)

380　Katholisches Christentum wird reichsweit verbindlich
382　Ansiedlung der Goten im Reich
395　Beginn der faktischen Reichsteilung

Honorius (395–423) und Valentinian III. (425–455)

407　Gallien und Spanien von Sueben, Vandalen und Alanen überrannt
407　Aufgabe Britanniens
410　Eroberung und Plünderung Roms durch Westgoten
455　Eroberung und Plünderung Roms durch Vandalen
476　Absetzung des letzten weströmischen Kaisers Romulus «Augustulus»

Germanische Reichsbildungen im Westen

411–585　Sueben in Nordwestspanien
418–711　Westgotenreich in Spanien und Provence
429–533　Vandalen in Afrika
438–532　Burgunder in Südostfrankreich und Westschweiz
482–751　Franken (Merowinger) in Frankreich
493–555　Ostgoten in Italien, Dalmatien und Pannonien
578–774　Langobarden in Italien

Byzantinisches Reich im Osten ab Theodosius II. (408–450)

Justinian (527–565)

533–534　Rückeroberung Afrikas von den Vandalen
535–540　1. Krieg gegen Ostgoten in Italien
542–552　2. Krieg gegen Ostgoten in Italien: Rückeroberung Italiens
ab 552　Rückeroberung Südwestspaniens von den Westgoten

Sachregister

Die Lemmata ‹Provinz›, ‹Provinzialbevölkerung›, ‹Statthalter (Gouverneur)›, ‹Senat(oren)›, ‹Kaiser›, ‹(römisches) Volk›, ‹Republik› und ‹Monarchie› sind zu häufig, um in das Register aufgenommen werden zu können.